D1725291

„Der Dialog gehört ins Buch!" Der Designer Damian Domes ist Antonin Artauds Forderung gefolgt und inszeniert die „Kapitalen Dramen" von Patrick Schneider auf Papier. Hier entfalten sie ihren besonderen Reiz, ungekürzt, das volle Lesevergnügen!

Patrick Schneider

# Kapitale Dramen

# Sonne unter Samoa

## EINE ALLEGORIE

# PAZIFISCHER OZEAN

Samoaner
♩ = 128

Tenor-Ukulele

Als die Gö - tter uns er - schufen, be schenkten sie

sich mit der Zeit auf ein-er In - sel von Nichts nur

Frie - de weit und breit. Uns're Träume,— uns're

Träume,— sind ein Le - ben auf Sand. Wir ziehen— zum

Ho - ri - zont Aus - tra - li - a— ge - nannt. Das Licht

braucht der Ill-u - sion, Sa Mo-a, Ei-land, glück - lich - e Wie-der -

kehr. Hier zieh - en wir_ in Boo ten end - los_

im Buchsta ben - meer._

über den Rand bricht die gro-ße Lauten - welle,_

schreibt uns-'re Zu - kunft da - hin · bis zur le - tzten Stille.＿ Uns're Träume,＿ uns're Träume＿ sind ein Le - ben auf Sand. Wir ziehen zum Ho - ri - zont＿ nach Aus - tra - li - a＿ ver - bannt. Uns're Träume,＿ uns're Träu-me,＿ uns-'re Träu-me,＿ uns-'re Träume.

13

14

# SPOTS

Hannah ist die reichste Frau Deutschlands und mit 89 Jahren Grande Dame des Unternehmertums. Ihr Ehemann, in dessen Automobilkonzern sie als Sekretärin die Karriere begonnen hatte, ist vor langer Zeit verstorben. Hannah sieht trotz ihres hohen Alters fantastisch aus. Sie trägt einen Teint von der monegassischen Sonne, unter der sie die Hälfte des Jahres verbringt. Wir treffen Hannah im Hotel de Paris, wo sie eine Suite bewohnt. Im persönlichen Gespräch erzählt sie uns ihre Sorgen um die Zukunft. Lesen Sie, wie es gut ausgeht.

Samaria ist Hannahs Pflegerin von exotischer Schönheit. Während des Interviews steht sie stoisch an ihrer Seite. Als gebürtige Samoanerin ist Samaria hilfsbereit und spricht ein perfektes Deutsch. Was macht diese Frau mit Migrationshintergrund so ehrgeizig? Und was führt sie im Schilde?

Una ist Hannahs liebste Enkelin und Cousine von Felix. Una ist Botschafterin für UNICEF. Sie hat die Welt bereist und alles gesehen, das größte Elend und den fürstlichsten Reichtum. Sie sagt von sich selbst, sie sei in beiden Welten zuhause. Dafür wird sie von allen bewundert. Vor Jahren hatte Una eine heiß diskutierte Beziehung mit dem wilden de Rothschild. Wie lange will diese tolle Frau noch Single bleiben? Wir zeigen, welche Figur sie bei ihrem Kurztrip unter die Sonne von Samoa macht.

HANNAH   SAMARIA   UNA

**Felix** ist Enkel und Beau von Deutschland. Er hat ein Faible für Startups der Technologie-Szene. Seit sechs Wochen ist der Frauenschwarm mit der österreichischen Jungunternehmerin Hede verlobt. Insider sprechen hinter vorgehaltener Hand über eine baldige Hochzeit. Anfang des Jahres war Felix noch mit einer Horde Frauen auf einem Hotelzimmer gesehen worden. Der Hotelangestellte berichtet: „15 Madls auf einen Streich, er ist mein Held!" Wie lange wird Felix an Hedes Seite treu bleiben? Lesen Sie jetzt von den noch nie gezeigten Bildern ihres ersten Kusses!

**Hede** ... wer kennt sie nicht? Die Aufsteigerin des Jahres, die von ihren Feinden neidisch „Blitzkrieg-Hede" genannt wird! Sie und ihre Schwestern gründeten „Web.2". Mit „Web.2" ist es den dreien erstmals gelungen, ökonomische Strategien der Kunst auf das Entrepreneurship zu übertragen. Ihre futuristische Unternehmensführung und die digitalen Reproduktionen machten sie zu Milliardärinnen. Hede ist auch als Schriftstellerin erfolgreich. Sie schrieb den Lebensratgeber „Präsenz und Kapital. Was Sie reich macht" und die Autobiografie „Mein Kampf. Siegeszug als Hyperfeministin". Warum sich die seriöse Geschäftsfrau gerade in Felix verliebt hat, erfahren Sie hier!

FELIX    HEDE

Wir sind Menschen. Es ist traurig. Lass uns Abschied nehmen.

> Sie fahren dahin.

Schwups.

> Schon sind sie nicht mehr zu sehen.

Du hast wahrscheinlich jeden Einzelnen gekannt.

> Ich bin als Kind mit meinen Eltern ausgewandert.

Weißt du noch, was sie gesagt haben?

> Tōfā.

Tschüss!

> Nur die Toten bleiben zurück.

Ich habe nach meiner Jugend gedacht, ich erlebe nichts mehr. Aber entgegen jeder Spekulation findet die langweiligste Epoche hier ihr Ende. Ein Ende, das manche heraufbeschworen haben, doch nur wenige in seinem gesamten Ausmaß erkannt. Ich hätte eher darauf kommen können. Es muss wieder ein Volk dahingehen.

> Hoffentlich werden sie mit offenen Armen empfangen.

Es gibt Land wie Sand am Meer in Australien. Beinahe könnte man annehmen, die Armen haben es dort besser als ich. Ist das nicht beruhigend?

> Die Geschichte wird sich an sie erinnern.

Wie kann ich mich verwehren, wenn es morgen heißt, eine Frau rettet ein ganzes Volk? Die eine Hälfte war man mir schuldig, die andere Hälfte setze ich als Spende ab. Man hat mir dieses Paradies geschenkt. Schau dich um! Der Berg erinnert dich an die Alpen. Dann denke an diese ganze Propaganda um Klima, Meeresspiegel und Boden. Es sieht doch ein intelligentes Wesen mit seinen eigenen Augen, dass diese Insel niemals untergeht. Sie ist für die Ewigkeit.

> Tōfā!

HANNAH   SAMARIA

Das ist also der Ort, an dem ich mir seit der Kindheit vorgestellt habe, mich zu begraben.

Sie müssen nicht sterben.

Im Leben war ich mir zwei Dingen gewiss. Ich sterbe so oder so, und alles bleibt, wie es ist. Bei Letzterem habe ich mich geirrt. Der demokratische Stillstand wird vorübergehen. Vielmehr entscheidet es sich heute, welchen Lauf die Welt nimmt.

Der Sozialismus wird sich an Sie erinnern. Er schließt die Lebenden und alle Toten ein.

Solltest du gewinnen, werde ich ihn mit meinem Testament auf den Weg gebracht haben. Aber du traust meinen Enkeln zu viel des Guten zu. Du wünschst, sie würden es unversucht lassen, mein Werk zu vollenden. Samaria, du bist nicht nur meine Pflegerin, du bist auch eine Träumerin.

Die Liebe ist ihnen wichtiger als das Kapital.

Seit du in meiner Obhut bist, redest du so daher. Jedes Mal muss ich dich bitten, diese allzu klugen Sprüche sein zu lassen. Sie stehen dir nicht.

Verzeiht.

Sei jetzt still und genieße mit mir den Moment. Er kommt so schnell nicht wieder. Mir ist eine Schneise in der Geschichte geglückt. Vor uns spielt sich ein historisches Spektakel ab. Samaria, in deinem Alter wäre ich dafür blind gewesen. Die Reife hat mich sehend gemacht. Über die Weltläufe denkt man in meinem Alter nach. Da wird das Persönliche gleichgültig. Außerdem lernt man seine Kräfte einzuschätzen. Man weiß endgültig zu gestalten. Die ganze Erfahrung einzubringen, wohin die Reise geht. Die eigene Bedeutung zu erkennen, die einen überlebt. Nicht umsonst gelebt zu haben. Das ist in den letzten Zügen wesentlich. Ich verrate dir etwas. Wo bisher Chaos war, schöpft sich nun eine neue Ordnung. Nennen wir sie beim Namen. Sie heißt Neofeudalismus. Das Ende und der Anfang werden eins sein. Alles wird sich immerzu nur ums Monopol drehen. Glaube mir, Samaria, glaube! Noch meint eure Generation, es sei nebensächlich, warum es fließt und wo es sich bündelt. Aber im Grunde geht es nur den einen Weg, und ich werde ihn rechtzeitig gewiesen haben.

Es ist gut, sich um das Morgen zu sorgen, solange Sie noch auf der Welt sind.

Wieder so ein Satz.

Egal woher wir kommen, solange wir leben, können wir das eigene Leben nutzen für eine Welt nach uns.

Wer erlöst mich von dir?

Ich kann nicht anders.

Dein Engagement hat mir zu denken gegeben.

Darf ich ehrlich zu Ihnen sein?

Ich bitte darum.

Ich habe lange darüber nachgedacht.

Sprich.

Ich kann die Wette nicht annehmen.

Es reicht. Das entscheidest nicht du.

Ich möchte nicht unverschämt sein, ich habe meine Bedenken.

Bisher hattest du stets eine große Klappe.

Ich möchte nicht unverschämt sein. Ich habe so eine Vorahnung, dass ich recht behalte. Denken Sie nur daran, was man über Felix und Una liest. Er hat sich verliebt, sie arbeitet als Botschafterin für die Ärmsten.

Ich war bisher ein falsches Vorbild.

Ich konnte den Lauf der Welt bis heute nicht verändern.

Keine Widerrede! Entweder es wird fortleben, was mein Erbe ist. Oder du sollst deine Chance bekommen. Alles, was mir gehört, wirst du dann für deine bessere Welt haben.

Ich will nicht.

# BLAUE LAGUNE

Wer steigt da aus den Wellen?

Sie schüttelt aus ihrem Haar das Wasser.

Es ist Una.

Sie ist ein Engel.

Hätte ich noch eine, Una wäre mir die liebere.

Woher kommt sie nur?

Sie ist den weiten Weg hierher geschwommen.

Sie war Leistungssportlerin. Was sie anfasste, wurde zu Gold.

Felix und sie sind der Ersatz für meine missratenen Söhne. Sie sind mir das Einzige, was diese Nichtsnutze der Familie eingebracht haben.

Die Zukunft deiner Familie liegt in ihren Händen.

Ganz schön stürmisch da draußen.

Sie soll alles bekommen, wenn sie nur will.

Wenn ich aus dem Meer steige, habe ich immer das sehnliche Bedürfnis, meinen nackten Körper von der Sonne trocknen zu lassen.

Gib ihr ein Handtuch!

Bei dir bemerkt man noch, dass du eingeheiratet bist.

Kind, morgen sieht es die ganze Welt.

Ich mache mir keine solche Gedanken.

Wo bist du gewesen?

Auf der anderen Seite.

Hattest du eine kurze Reise?

Luft oder Wasser?

Wasser.

Du hast die Zeit auf deiner Seite.

Ich habe eine Abkürzung genommen. Ich bin so gespannt.

HANNAH    SAMARIA    UNA

Hauptsache du hast es nicht beschwerlich gehabt, mein Kind.

Weswegen treffen wir uns ausgerechnet hier? Samaria? Samoa?

Rate!

Du hast dir diesen schönen Fleck auf der Landkarte gekauft.

Sie war schon immer hochbegabt.

Zweifelsohne.

Es freut mich. Ein wunderbarer Ort. So viel Sonne, See und menschenleer.

Es ist eine Insel wie auf Bildern. Als bliebe die Zeit stehen.

Wünscht man sich mehr? Nirgends ein aufdringlicher Blick. Wir dürfen uns frei fühlen wie Adam und Eva.

Es soll meine Ruhestätte werden.

Großartige Vorstellung! Du wirst eine Aussicht haben wie von den Alpen. Die Welt beneidet dich jetzt schon. Es ist die größte Insel, die je ein Mensch nur für sich ganz allein besessen hat.

Ich musste sie einfach haben. Man hat sie mir geschenkt.

Die Samoaner sind wunderbar.

Friedlich, genügsam und aufopfernd.

Man glaubt es kaum, dass diesen Menschen Geld nicht wichtig war.

Vielleicht waren sie immun?

Dann waren sie die Letzten, die sich nichts daraus gemacht haben.

Es gibt allerhand Theorien.

Wir hätten von ihnen lernen können.

Wir haben noch Samaria.

Samaria – eine wunderbare Vorstellung! Daran habe ich auch schon gedacht. Bist du immun gegen die Gier?

Ich verabscheue Neid.

Du bist ein Engel.

Man glaubt es ihr auf's Wort.

Sie schaut immerzu so glücklich aus, als würde ihr gar nichts Sorge bereiten.

Dieser Mensch hat noch Hoffnungen und Träume.

Ich bin zu unterschiedlichen Rassen gereist. Glaube mir, Oma, da sieht man die sonderlichsten Zustände, von denen wir etwas lernen können.

Die Welt ist schrecklich.

Dann denkt man an sich selbst und an unsere Welt, in der Hoffnungen und Träume keinen Wert mehr haben. Wo soll das hinführen, fragt man sich dann. Man bekommt den Eindruck, dass wir die Todesbringer sind, dass unsere Zivilisation den Tod in alle Regionen bringt. Und dass wir in der westlichen Zivilisation selbst schon Tote sind. Lebende Tote. Tote, die immerzu weitermachen müssen. Meint ihr nicht auch, wenn wir wirklich einmal tot wären, dass es der einzige Zustand sein wird, in dem wir zur Ruhe kommen? In dem wir erst unseren Frieden finden? In dem unser Bewusstsein zu seinem Frieden kommt? Und dieser Frieden wird lohnender sein als unser ganzes unruhiges Leben, das wir bis dahin verbracht haben. Dieses nervöse und rastlose Dasein, in dem wir uns nicht endgültig befriedigen können, wäre dahin, so dass die Stille einkehrt. In der wir das Leben an sich erkennen. Und in dieser Erkenntnis hebt sich die Unruhe und die Entfremdung auf und lösen sich auf für einen Moment, der ein Durchgang sein könnte zum neuen Leben, zum neuen Menschen, zur anderen Welt. Vielleicht ist der Tod für unsereins der Weg zum Besseren. Das sind solche Gedanken, die ich mit mir herumtrage, wenn ich unterwegs bin.

Du hörst dich an, als würde dich etwas bedrücken. Hast du auch von diesem schrecklichen Zwischenfall gehört?

Lass uns nicht drüber reden.

Dein Cousin hat sich verlobt. Sein gesamtes Vermögen, was ich ihm geschenkt habe, will er dieser Unperson in den Schlund werfen. Das muss man sich mal vorstellen.

HANNAH SAMARIA UNA

Das muss ich mir erst vorstellen.

Ich bin keine Rassistin. Es ist eine Österreicherin. Diese Unperson hat einen Ton drauf. Man kann es allerorts hören. Es geht mich als Großmutter zwar nichts an, was ihr in eurer Freizeit treibt. Aber es ist nicht eure freie Zeit, nicht als meine Enkel! Wenn diese verkommene Generation das, was ich vorbereitet habe, nicht zu schätzen weiß, ist sie es auch nicht wert.

Schlimm.

Ich mache mir große Sorgen. Ich kann kaum noch schlafen. Frag Samaria! Man erfährt so allerhand. Sie muss ein Jemand sein, der sich alles unter den Nagel reißt. Sie saugt uns aus. Kein Cent bleibt im Trockenen. Wieso habe ich nur einen gutgläubigen, lieben Enkel, der die Gefahren nicht begreift? Aber ich werde das zu verhindern wissen. Una!

Ich sehe zwei Punkte am Himmel.

# DER VIERTSCHÖNSTE STRAND DER WELT

Schaut ihn euch an! Der schöne Beau! Kommt geflogen an einem goldenen Fallschirm.

Die andere, die da vom Himmel fällt, wird dieses Monster sein.

Sie fliegt schnell.

Was findet er bei ihr, das er nicht anderswo hat?

Er ist beeindruckt von ihrer Aggressivität. Für ihn ist Liebe ein Masochismus.

Das können wir ändern. Es haben sich schon so viele in ihn verliebt, und er hat doch jede wieder abgestoßen.

Was man nicht alles liest.

Er scheint ernst zu machen. Er kommt auf den Boden. All diese Frauen, die Konkurs anmelden durften wegen unserem Beau, sind nun Vergangenheit. Jung und alt waren sie. Schön und schöner. Reicher und reich. Sie hatten keine Chance.

*Dank dir! Deine Worte kommen von Herzen.*

Wie hat sie nur dieses Werk vollbracht? Ich bin enttäuscht.

Sie landet abseits.

Ich gratuliere.

*Ich bin beruhigt, dass du nicht mehr eifersüchtig bist auf all die hübschen Dinger, die mich hatten und du nicht.*

Hört ihn euch an, den Beau, unser Dracula. Er beißt, bevor er küsst.

Der Vampir unter uns ist eine andere.

*Die Morbidität deiner Enkelin übertrifft meine allemal.*

Sie ist herunter gekommen.

Ganz meiner Meinung.

Felix will die Liebe entdeckt haben.

**Das nächste Mal nehme ich den Hubschrauber.**

HANNAH  SAMARIA  UNA  FELIX  HEDE

Besitzt sie kein Flugzeug?

Hede, der Fallschirm steht dir ausgezeichnet.

Das nächste Mal im freien Fall.

Wo haben wir uns zuletzt gesehen?

China, Cayman, Cannes?

*Cayman.*

Wie haltet ihr es nur miteinander aus?

Wir sind Zwillinge.

*Zweieiige. Sie kam nach mir. Sie ahmt mich nach.*

Er verzeiht mir nicht, dass ich eine seiner lukrativsten Ideen kopiert habe.

*Ich habe sie daraufhin geschluckt.*

Pyrrhussieg.

Ekelhaft.

*Noch gehört mir alles, was ihr gehört hat.*

Und was ihm gehört, gehört morgen alles mir. Wie ihr überall lesen durftet, ist mir die raffinierteste Übernahme gelungen, die je geglückt ist. Die Kopie frisst das Original!

Gleichberechtigte Partner sozusagen.

Ab jetzt gehört allen alles.

*Das scheint nur.*

Soweit kommt es nicht! Bis heute seid ihr nur verlobt.

Hübsche Insel...

*Welch ein Berg...*

Strand ringsherum.

*Reich an Palmen.*

Endlos viel Sonne.

Meer, wohin man schaut.

HANNAH    SAMARIA    UNA    FELIX    HEDE

*Ein perfekter Ort für Flitterwochen.*

## Ohne Presse und ohne Zaungäste.

Gratulation! Ich kann es immer noch nicht glauben. Es werden 13 Milliarden fusionieren! Wann ist es soweit?

Nicht auch noch fusionieren.

*Fusioniert sind wir bereits!*

Ich traue meinen Ohren nicht!

Für sie hört beim Fusionieren die Liebe auf.

## Es war eine freundliche Übernahme!

*Feindliche.*

## Dummkopf.

Ist er auf den Kopf gefallen?

Und niemand hat es spitzbekommen.

Wie war das möglich!

Wer hätte sich das gedacht?

*Unsere Anwälte haben Schweigepflicht.*

## Sie waren flink wie selten zuvor.

Mein Vermögen verschenkt an diese Ausgeburt.

## Bis hierhin habe ich den größeren Vermögensanteil eingebracht.

*Wir sind zuversichtlich, was meinen Teil betrifft.*

Unter den gegebenen Umständen wäre ich das nicht.

Das freut mich für euch.

Ich hab's doch gesagt.

Dieser Ort ist mein Grab.

Ich habe auch Neuigkeiten. Oma hat sich diese Insel gekauft.

## Deswegen sind wir eingeladen.

Ich habe euch bitten lassen, um euch den Platz zu zeigen,
an dem ihr mich beerdigen werdet.

HANNAH    SAMARIA    UNA    FELIX    HEDE

Herzlichen Glückwunsch! Du hast eine aus-
gezeichnete Stelle ausgesucht. Die Hitze wird
dich rasch zersetzen.

Diese Insel war eigentlich auch für dich gedacht, Felix.

*Als Hochzeitsgeschenk?*

Es lohnt sich noch, hierher gekommen zu sein.

Das entscheiden die, die mich überleben.

Ich kann es ihr nicht ausreden, sich dieses wunderbare
Eiland als Gruft vorzustellen.

Hier ist es wie in den Alpen.

*Das ist doch nicht dein Zuhause. Oma, was denkst
du dir nur aus?*

Es ist ein wunderbarer Ort. Ich möchte, dass Samaria
euch hinführt.

Zum Gemeinschaftshaus?

Es ist ein Relikt aus vergangenen Zeiten.

Es ist ein Denkmal.

Ein Kunstwerk.

Jetzt bekommst du deine Flitterwochen mit
Kultur.

*Was wünscht man sich mehr?*

Trotz der allgemeinen Freude wirst du bis aller Tage Abend
leben. Du wirst deine Urenkel aufwachsen sehen und dich
an ihnen erfreuen, weil sie von deinem Schlag sind. Du wirst
ihnen von früher erzählen und sie werden gar nicht glauben
können, dass die Welt einmal so ausgesehen hatte. Das ist
doch ein wunderbares Bild.

*Der Tod ist noch weit entfernt.*

Er ist mir einen Schritt voraus.

Auf Samoa sagt man, der Tod ist des Menschen Genosse.

*Lass dir kein dummes Geschwätz einreden von
Wilden.*

 HANNAH  SAMARIA  UNA FELIX HEDE

Ich bin eine alte Dame, die mit wachen Augen beobachtet, wie er mir zu Leibe rückt. Er schleicht sich von vorne an. Er tut, als ob ich ihn nicht sähe. Das ist seine Hinterlist. Der Tod ist ein fieser Spieler.

Der Tod ist unser Verbündeter.

Schluss jetzt mit deinen Sprüchen!

Ach, über den Tod kann man nicht sprechen.

Ich schweige.

Macht euch keine Hoffnungen. Ich halte mit ihm Blickkontakt.

*Oma, Hede hat recht. Solange du von ihm redest, lebst du.*

Beau, Felix.

*Wir werden ihn aufhalten mit Geld, Medizin und Maschinen.*

Bis er auftritt, ist es noch ein Leben lang.

Die Sehnsucht wächst. Die Welt macht eure Oma müde. Sie ist ein Chaos, wenn ich sie nicht in Ordnung bringe. Ihr seid meine Schafe, um die ich mich noch zu kümmern habe. Dann soll Schluss sein.

Hast du auch an ein Testament gedacht?

Sicher. Samaria liest euch meinen letzten Willen vor.

*Deswegen sind wir hier!*

Ich wollte es nicht sagen. Ich habe es mir aber gedacht.

*Erst diese Insel...*

...und jetzt noch wir versammelt.

Ohne eure Väter!

*Man soll nicht zu viel erwarten.*

Wie gierig kann man eigentlich sein?

Samaria, lies vor!

Da hat es aber jemand eilig.

Nein, bitte.

HANNAH　SAMARIA　UNA　FELIX　HEDE

*Das kann doch warten.*

Keine falsche Bescheidenheit.

Samaria!

Bitte, Samaria, tue ihr den Gefallen.

*Sie ist nicht die Allerschnellste.*

Sie ist auch nicht die Hellste.

*Wahrscheinlich verliest sie sich.*

Hast du Lesen gelernt?

Testament.

Bravo!

Wenn... meine Enkelkinder...

Ihr zwei.

Die zwei.

Wir zwei.

*Lass dich nicht unterbrechen.*

Noch mal von Anfang.

Testament.

Das-s-s!

Dass?

Das Testament.

Man sieht es ihr an! Bereits das erste Wort überlesen.

Wir machen sie nervös.

*Die Welt dreht sich nicht um sie.*

Das Testament, Samoa, heute, gezeichnet Hanna.

Nimm dir Zeit, bevor du durcheinander kommst!

Erstens: Hiermit schließe ich meine beiden Söhne von einer Erbschaft aus.

*Sie sind bedürfnislos.*

## Weise Entscheidung.

Man muss die Menschen ausreden lassen, egal was sie zu sagen haben.

*Es kommt uns zugute.*

### Erstens!

Zweitens: Das Gesamtvermögen vermache ich meinen beiden Enkeln Felix und Una zu 100 Prozent.

### Halbe, halbe.

Für dich ein Viertel.

Gar nichts!

*Drittens...*

Drittens: Unter einer Bedingung. Viertens: Wird die Bedingung nicht erfüllt, fällt das gesamte Erbe an meine Pflegerin Samaria.

*Sie ist ungebildet und frech!*

Sie hat Humor.

### Es ist eine Lügnerin.

Nicht doch.

*Zeig her!*

Nein.

### Genau so funktionieren die Armen und Asylanten. Sie haben es auf unser Geld abgesehen.

*Du hast dich nicht von einer Eingeborenen hinters Licht führen lassen?*

### Wirf sie von der Insel, die Intrigantin!

*Oma, die würden in ihrer Not alles tun.*

Wie lautet die Bedingung?

Bedingung: Alles bleibt in der Familie.

Bedingung, es heiraten Felix und Una...

Ich heirate nie.

*Ich erfülle bereits, was ich muss.*

HANNAH  SAMARIA  UNA  FELIX  HEDE

Jetzt erfüllen sich unsere Verträge.

*Aber bis Una einen Ehemann findet, sind wir tot.*

Wir werden ihr nachhelfen.

Gib her!

Ich wurde unterbrochen.

Was steht da?

Du hast dich verlesen.

Sie hat es mit den Genen.

Nein.

Alles ein schlechter Witz.

Jetzt den ganzen Satz.

Ich schweige.

Samaria, lies jetzt!

Lies doch du.

*Bitte!*

Laut.

Samoa, heute, gezeichnet Hanna.

Wie bitte?

Das-s-s Testament. Erstens: Hiermit schließe ich meine beiden Söhne von einer Erbschaft aus. Zweitens: Das Gesamtvermögen vermache ich meinen beiden Enkeln Felix und Una zu 100 Prozent. Drittens: Unter einer Bedingung. Viertens: Wird die Bedingung nicht erfüllt, fällt das gesamte Erbe an meine Pflegerin Samaria. Bedingung: Una und Felix heiraten einander.

So ist es.

Ja, einander.

Einander?

Das war's.

Ich kündige hiermit meine Verbindlichkeiten.

Heiraten ist nicht alles.

Wir sind noch nicht fertig.

*Kann es noch schlimmer kommen?*

Ich bin fassungslos.

Ich lasse es nicht zu, dass meine Nachkommen sich begnügen.

*Diese Hinterlist!*

Ich lasse es nicht zu, dass unser Name in der Bedeutungslosigkeit verschwindet. Meine Familie wird kein Wimpernschlag der Geschichte gewesen sein. Es wird sich nicht in alle Himmelsrichtungen zerstreuen, was bei mir zusammengekommen ist.

**Dieser Bediensteten soll zustoßen, was ihresgleichen widerfahren ist.**

*Den Haien zum Fraß vorwerfen.*

**Ausstreichen. Ausradieren.**

*Ich will gar nicht wissen, was da noch steht.*

Wenn ich daran denke, wird mir schlecht. Wer hat euch auf solche Gedanken gebracht?

**Lies, Lesbe, lies!**

Ich überlasse nichts dem Zufall.

Ich muss mich wundern über deine Herrschsucht.

Du und Felix seid meine vernachlässigten Enkel.

Um Felix darf man sich Sorgen machen.

*Das vernachlässigte Kind ist Una. Die ganze Welt macht sich lustig über ihren Vaterkomplex. Hätte er dich nur ein Mal in den Arm genommen, müsstest du nicht alle anwinseln mit deinem barmherzigen Geheule.*

War's das? Willst du mich aus der Reserve locken? Du solltest ein ebenbürtiger Gegner sein, nicht Spielball.

HANNAH  SAMARIA  UNA  FELIX  HEDE

34

Warum mischt sich die alte Schachtel eigentlich in unser Leben ein?

*Etwas Gelassenheit würde auch dir gut stehen.*

Wie es stinkt, wenn sie den Mund aufmacht.
Riechst du das nicht? Ich habe den Eindruck,
sie verfault von innen heraus.

Felix, schüttelt es dich nicht, von solch einer Geschmacklo-
sigkeit umgeben zu sein?

*Unsere kleine, frigide Cousine plustert sich auf.*

Riech doch! Mit ihr stimmt was nicht.

Wenn ich gehe, geht sie mit. Wetten?

Ungern.

Oma, wie kommst du nur darauf, dass ich mich mit dem
Stumpfsinn abgeben würde?

Sei keine Spinnerin! Er führt sich so auf, um sich vor ihr
zu beweisen.

*Sind alle im Bilde, was Rothschild kolportiert?*

Felix hat nicht unrecht. Friedensblümchen, es wird Zeit,
dass du die Verantwortung für unsere Zukunft übernimmst.

*Ich sage nur so viel: zwei lange Jahre Entbehrung...*

Skrupellosigkeit! Es reicht! Weißt du, Felix, in welcher Tradition du dich einreihst? Es ist ein offenes Geheimnis, wie sie
sich an unseren Großvater herangeschmissen hat, um an
das Vermögen zu kommen. Sie war nicht einen Tag seine
Sekretärin. Du warst, den billigsten Bordellen entronnen,
sein Flittchen.

Sei still!

Wie bei unserem Großvater hat eine Frau zuallererst Nutte
zu sein. Eine wie Hede, die ihre großen Deals unter der Bett-
decke besiegelt. Ich will nicht wissen, was die Edelschlampe
alles tun durfte, um dir deine Unterschrift abzutrotzen. Da
kommt einem das Kotzen.

Fotze, frigide!

HANNAH   SAMARIA   UNA   FELIX   HEDE

*Streichen, Oma. Einfach aus dem Testament aus-*
*streichen.*

Ich gönne sie dir. Wenn jeder von euch sein ganzes Gel-
tungsbedürfnis mit in die Ehe bringt, werdet ihr eine fabel-
hafte Fortsetzung der Klatschkolumne, die unsere Familie in
den letzten hundert Jahren abgegeben hat. Von Genf bis nach
New York zerreißen sie sich das Maul hinter eurem Rücken.

Keine Sorge, Una, er wird sich scheiden lassen.

*Reicht es dir nicht, deine zwei Söhne zu widerli-*
*chen Großkotzen erzogen zu haben? Willst du uns*
*auch noch dahin bringen?*

**Jetzt weiß ich es. Es ist nicht vergammeltes**
**Fleisch. Sie riecht nach Fisch, der verwest.**

Ihr zwei Weiber werdet euren Dünkel noch auf dem Sterbe-
bett verteidigen. Der einen hat es von Geburt an Anstand
gefehlt. Der anderen an Großmut.

Mit dieser Unperson nennst du mich nicht in einem Atemzug! Das sage ich dir!

*Oma, schau dir den schönen Platz an der Sonne*
*an! Das war doch der Traum ganzer Generationen,*
*den wir hier und jetzt haben. Was wollen wir mehr?*
*Lass es uns dabei belassen. Nimm das Testament*
*noch einmal an dich. Das Leben ist ein Strand. Ge-*
*nieß ihn. Frei von schlechten Einflüssen. Nimm dir*
*Zeit. Dir gehört die Welt. Freu dich, alles zu haben,*
*was man sich zu Lebzeiten wünschen kann. Wozu*
*noch mehr wollen? Wozu Unfrieden schaffen?*

Beau, Felix. Wir sollten nichts überstürzen.

**Wenn ich nicht sofort erfahre, was dort steht,**
**verschwinde ich auf demselben Weg, den ich**
**hierher gekommen bin.**

Tōfā!

*Was?*

Tschüss.

Sie wünscht sich von uns Kinder.

Ein Junge und ein Mädchen. Zwei wie ihr!

Hübsche Frau.

       Unschuld.

Ich rieche dich.

       Ich spüre dich.

Mach langsam.

       Ich streichle dich.

Mach's noch langsamer.

       Ich hauche dir mein Leben an deine Muschel.

Muschel?

       Ohrmuschel.

Hübsche Frau.

       Was liebst du an mir?

Die Unterseite deiner Brüste.

       Meinen Hintern.

Du mein Geschlecht.

       Und deine Grübchen.

Deine weichen Hände, die weichsten.

       Den Duft deines Halses.

Die glitzernden Augen.

       Mehr!

Nicht so hastig.

       Bei dir werd' ich noch zum Mann.

Dann deinen Witz.

       Deine Arglosigkeit, deine kluge.

Deine Unverfrorenheit.

       Deinen Idealismus.

SAMARIA

UNA

Deinen Willen.

Wir zwei. Endlich.

Für eine andere Welt.

Es gibt keinen Unterschied mehr, keine Rasse, Klasse oder Geschlechter. Wir sind Vorbilder.

Lieben heißt Lernen.

Keine Ironie, keine Rhetorik, kein Versteckspiel.

Bald.

Wie ist dir das alles nur gelungen? Du bist mir ein Rätsel.

Ich habe der Alten die Wahrheit gesagt.

Du hast ihr aber nichts von uns erzählt?!

Sagen wir, ich habe ihr keine Unwahrheiten erzählt.

Du willst es mir nicht verraten.

Es war, wie du es dir gedacht hast. Sie wollte um alles in der Welt nicht von der dummen Wette lassen, umso heftiger ich mich dagegen gesträubt habe. Aber hättest du damit gerechnet, dass sie ihr ganzes Vermögen aufs Spiel setzt?

Samaria, du hast aus ihr einen anderen Menschen gemacht. Wenn ich mich erinnere, wer sie früher einmal gewesen ist. Ein Frauchen ohne jeglichen Sinn für Zukunft, das das Wort Testament bestenfalls stenografieren konnte. Später eine selbstbezügliche Steinreiche, deren Erbe sich in alle Winde verstreut hätte ohne eine Ahnung davon, welchen eigentlichen Wert es haben kann. Jetzt aber dieser prächtige letzte Wille!

Fast wünsche ich ihr den Tod herbei.

Hannah wird von uns gehen und der Menschheit die Tür öffnen zu einer höheren Stufe.

Es liegt nun an uns.

Es ist alles möglich.

Wir zwei haben die Chance, die historischen Fehler vergessen zu machen. In der Not wurde der Kommunismus verraten. Man hat so vielen ihr Eigentum und das Leben genommen.

SAMARIA

UNA

Wir kehren die Richtung um.

Dank Hannahs freier Tat können wir dieses Mal alle beschenken, die sich mit uns auf den Weg seiner Verwirklichung machen.

Du weißt, mit Geld lässt sich unsere Idee nicht verwirklichen. Der Kommunismus schafft den Mammon ab, weil die Menschen verstehen, dass sie vom Besitz zu einem Selbst gezwungen werden, das sie in Wahrheit nicht sind. Sie sahen sich gezwungen zu tun, was ihnen nicht entspricht, sich abzuhalten von ihrem Wesen, von ihrer Verwirklichung und ihrer Individualität.

Wo es Reichtum gibt, entsteht erst die Idee des Kommunismus. Er ist die notwendige Gegenbewegung. Das ist eine historische Wahrheit. Auch seine neue Begründung braucht das Kapital, weil er sich in seinem Anfang nach außen schützen muss gegenüber den Feinden. Auf der Insel der Glückseligen werden wir die intelligente Technik benötigen, die arbeitet, damit kein Mensch mehr arbeiten muss, wenn er nicht möchte. Dieses Wissen werden wir notgedrungen von den verbliebenen Konzernen kaufen. Ihre Gier nach Gewinn wird uns Mittel sein. Ich denke auch daran, dass wir ein Integrationsgeld einführen, freiwillig. Was hältst du davon? Es wäre eine Übergangslösung, bis seine Strahlkraft einsetzt. Später wird weltweit jede und jeder beginnen, ihr oder sein Vermögen zu zerstören. Dann sind wir am Ziel. Die Bewegung geht von hier aus.

Der Kommunismus ist für alle da oder für keinen. Er lässt sich nicht willentlich für ein paar Auserwählte einführen. Er ist universal und absolut – oder er existiert nicht. Entweder er wird von allen lebenden Menschen dieser Welt zum selben Zeitpunkt gewollt, unabänderlich – oder er existiert nirgends. Auch nicht auf einer abgeschiedenen Urlaubsinsel.

Er darf keine Utopie bleiben. Er wurde mir aufgetragen. Es muss einen Weg zu seiner Verwirklichung geben. Unsere Liebe zeigt diesen Weg an. Sie lässt uns sehen, wie weit wir von ihm entfernt sind. Wir können in unserer Liebe uns selber im Ganzen erkennen und auf ihrem Pfad voranschreiten. Schritt für Schritt.

Der Kommunismus wäre die ewige Entspannung.

Er ist Arbeit.

Wir sind ein Sinnbild. Wir zwei sind der Anfang. Einverstanden!

Wir zwei sind uns sehr nahe.

Aber wir sind der Kommunismus noch lange nicht.

Wir sollten uns nicht mit uns zufrieden geben.

Wir sollten vom Guten ausgehen und vom Guten in uns träumen. Ich bin auf der ganzen Welt unterwegs gewesen, kenne die Mächtigsten und Berühmtesten, und dachte, ich kenne auch die Mutigste – mich. Später sind wir uns begegnet und ich habe in dir die eine erkannt, mit der ich in solchen Zwiegesprächen eins werde.

Machen wir uns nichts vor, du begehrst mich.

Diese Grübchen.

<br />

# EWIGE QUELLE

Deine Sippe ist noch dümmer, als du erzählt hast. Das wird sich mit mir ändern. Ich bin eure Reinigung, der Hai im Becken fauler Fische.

*Wie froh ich bin, dass wir uns gebunden haben.*

In was für einer Naivität diese Idioten bis heute leben. Aber deren Rückschritt ist mein Profit.

*Unser Profit von jetzt an.*

Das gehört alles schon so gut wie uns. Wir müssen nur noch zugreifen. Ich fühle mich wieder wie das Kind allein im Spielzeugland. Diese Welt ist für mich gemacht.

*Was tun?*

Wir radieren sie aus, die drei Weiber.

*Bist du dir sicher?*

Totsicher. Du wirst meine rechte Hand.

*Wir sollten nicht voreilig sein.*

Wir sind seit einer Stunde hier. Willst du die Schachtel noch um Erlaubnis bitten?

*Ich möchte es ordoliberal lösen – sozusagen. Das kostet uns nichts, schafft Vertrauen und führt zum selben Ergebnis.*

Wenn die Menschen nur hinter den Schlagzeilen lesen könnten, die du ihnen verkaufst! Felix, le Beau, dass ich nicht lache! Ich wünsche mir einen echten Mann, dessen Kern sich nicht als Hanswurst entpuppt. Keinen verwöhnten Zögling. Bei jeder Frau, die dir auf Augenhöhe begegnet, büßt du deine Männlichkeit ein. Wie konntest du fünfzehn Madl mit auf dein Zimmer nehmen, aber es mir seit unserer Hochzeitsnacht nicht mehr besorgen? Das ist doch die Frage! Das will ich jetzt von dir wissen!

*Die Frage ist nicht nur, was wir wollen.*

Ich glaube, ich höre nicht recht!

*Die zentrale Frage ist, was jetzt dem Zweck dient. Meine traute Hede, denke es unternehmerisch. Unternehmerisch erfolgreich zu sein erfordert doch auch zu erkennen, was der Gegenüber wollen könnte.*

Was? So ein Stuss. Machen heißt mit dem Hammer zuschlagen. Wir müssen unseren Gegnern den Kopf abreißen und in den Hals scheißen, Liebling. Sie sollen in ihrer eigenen Packstation zum Fließband kriechen. Wir programmieren Würmer aus ihnen. Das zu verstehen, ist die Aufgabe eines jeden, der mit mir einen Deal eingeht. Das gilt vor allem für dich als meinen Partner. Vergiss deine Herkunft. Was wir sind? Wir sind die Vorhut. Wir kämpfen mit Waffen, die sich andere noch im Geheimen nicht trauen, in die Hand zu nehmen.

*Ganz recht. Der Erfolg ist reine Negation. Erfolg ist die Verneinung der bestehenden Welt in der offensichtlichsten Form – in einer Form aber, die allseits anerkannt wird. Der größte Erfolg lässt die Menschen hoffen und handeln.*

Dieses Drumherumgerede!

*Er lässt die Menschen am Leben! Er ist eine Machtausübung über die anderen, wie sie es sich selber wünschen. Keine diktatorische Macht, sondern eine indirekte Macht der Überzeugung, die den Willen des anderen bezwingt und ihn meinem eigenen Willen unterwirft.*

Leg deine Kleider ab! Was du mitbekommen hast, ist in erster Linie sozialer Ballast. Sei ein Terrorist, der beseitigt, was er selbst an sich hasst. Dein Gegner ist ein Sandgesicht, das mit der nächsten Gischt verlischt. Und was ich in meinen Ansprachen auch immer sage: Erst, wenn uns alle verabscheuen, haben wir es richtig gemacht. Der Schrecken muss ihnen ins Gesicht geschrieben stehen. Er steht ihnen gut.

Erst die Angst verleitet sie zu Fehlern. Wenn wir auftreten, müssen sie abtreten.

*Freiwillig.*

Unfreiwillig!

*Ich vertrete die Autorität, die an die Vernunft appelliert und nicht droht.*

Ich bin die Autorität, die auf niemanden Rücksicht nimmt. Ich kämpfe mit offenem Visier.

*Dann weißt du, zu welcher Leistung die Menschen fähig sind, wenn sie es freiwillig tun. Sie handeln aus eigenem Antrieb und sind auf der Suche nach ihrem kleinen Anteil, die Erbärmlichen. Sie werden sich selber als die Stimme des Herrn vernehmen. Sie wird gnadenlos sein. Lassen wir ihnen das nackte Leben, für das sie die Verantwortung tragen wollen.*

Du meinst, noch irgendetwas verstecken zu müssen. Diese Zeiten sind vorbei. Vor wem fühlst du dich schuldig? Und wer soll dich zur Rechenschaft ziehen? Da ist niemand, der dich richtet, Dummkopf. Die Sache liegt auf der Hand. Alles ist ganz simpel.

*Warte auf mich!*

Renn mir nicht immerzu hinterher!

Mein Leben läuft an mir vorbei. Geht es schon ans Sterben? Soeben habe ich mein Testament gemacht. Ich bin überrascht, wie rasch es sich fortbewegt. Vielleicht dürfte ich noch ein wenig erzählen? Noch einen Schwank, bis der Sand erblasst? Weißt du, mein Herzallerliebster, früher war alles anders. Es war ein Flugzeug ein Flugzeug und eine Yacht war eine Yacht aus blutaderblauem Marmor und fremden Hölzern. An die Nächte erinnerst du dich sicherlich. Auf den chilenischen Plantagen. Den Tango von Buenos Aires. Das Kokain aus Guatemala. Fortwährend warst du anwesend. Wir wussten dort, was es heißt, das Leben zu feiern. Dir nahe zu sein. Wir sind nach Afrika gereist, um die Welt vergessen zu machen. Die Körper von schwarzen Negern sind hergefallen über uns. Brasilien wurde noch von British-Indien übertroffen. Wenn uns jemand in den indischen Nächten fragte, was morgen sei, ausgelacht haben wir ihn. Die Paläste hatten eine Weite, da ging an der einen Seite der Mond auf und auf der anderen die Sonne unter. Es haben sich epochale Menschen verloren dort, jeder ein Kosmos, brillante Nächte lang, wochenlang. Das war ein Abgesang von Vergangenem, für uns gemacht. Ein mythischer Ort. Es war der letzte Ort. Was ist daraus geworden? Es ist die Nachahmung eingezogen. Schlagartig war da Retro, wohin ich geschaut habe. Die schreckliche Zwischenphase, diese schreckliche demokratische. Keiner war mehr da, dem du von Herzen zuprosten mochtest. Keine Gabe mehr, Gäste zu laden. Kein Genie, etwas zu schaffen, das vom Stumpfsinn befreit gewesen wäre und die Profanität dieser Aufsteiger ausschloss. Nur noch Getriebene von einem Schlag, die den Cocktail versauten. Kein Fest ohne ein Geschäftsgespräch. Kein Anlass, auf dem nicht ein Jemand sich auf den Markt trug und eine Sache anbot. Nirgends ein anderer Ort, kein Außen. Mich ekelt es immer noch. Das hat jetzt sein Ende. Jetzt kehrt die gute Zeit wieder. Ich sehe sie am Horizont. Jeder wird wissen, wo sein Platz ist. Es wird Ordnung herrschen. Es glitzert durch die Dunkelheit schon die Eleganz des Maharadscha und seiner Maharani. Ich gebe meinen Teil.

# DER REGENBOGEN DES WASSERFALLS

Haben sich die Memmen vor uns versteckt?

*Wir haben die ganze Zeit auf euch gewartet.*

Erzähl keine Märchen, Felix. Ihr lasst uns warten.

Unsere Führerin sieht blass aus um die Nase. Sie ängstigt sich hoffentlich nicht vor dem Dickicht, durch das wir müssen?

*Warum sollte sie sich fürchten? Hier hat es die Eingeborene wie im Paradies.*

Genieß es.

Machst du dir Sorgen?

Ja. Mir graut es vor den Menschen, wie sie sind.

*Freue dich der Sonne, dieser Kraft des Ursprungs und des Endes.*

Hörst du?

Schluss damit!

Wir sind bösen Geistern ausgesetzt. Über diesen Regenwald erzählt man sich schreckliche Geschichten.

Das gilt auch für dich!

Vermisst niemand Hannah?

Was habt ihr vereinbart?

Nichts.

*Sie wird doch nicht von einem Dämon heimgesucht worden sein?*

Der Dämon hat sie aufgeknüpft.

*Kopfüber ins Wasser sicherlich.*

Am besten sie wäre freiwillig in den Fluss gestiegen.

Sicherlich ist sie uns vorausgegangen.

So wird es sein. Sie wird an ihrem Grab auf uns warten.

SAMARIA    UNA    FELIX    HEDE

An dieser Ruine, die wir uns anschauen sollen?

Es ist ein Museum!

Denkmal.

*Woran?*

Wir sind seit sieben Tagen verheiratet. Aber die Verträge, die wir geschlossen haben, sind nicht für die Ewigkeit, wenn...

*Im Moment sind sie gültig. Alles Weitere wird sich richten.*

Hannah würde sagen... Ich bin weiterhin entschieden dagegen, dass du dich mit dieser Unperson zufrieden gibst. Felix, du hast Besseres verdient. Sie hat weder Anstand noch das gewisse Etwas. Sie ist ein österreichischer Schreihals.

Aber wo ist sie nur?

Sie führt etwas im Schilde.

*Davon gehe ich aus.*

Was fragt ihr mich? Ich weiß von nichts.

*Immer weiter! Sie läuft uns nicht davon.*

Erst will sie auf Teufel komm raus einen Keil zwischen uns treiben. Dann kriecht sie alleine in diesem Gestrüpp herum. Zum Schluss kostet sie jemanden noch Kopf und Kragen.

*Wenn sie könnte, würde sie dich um die Ecke bringen.*

Soviel ist klar.

Hört ihr auch den Wasserfall?

Nein.

Um uns ein Regenwald, der plötzlich schweigt.

*Wenn da nichts im Busch ist!*

Ich bin mir nicht mehr sicher, wohin der Weg führt.

Lenk jetzt nicht ab!

SAMARIA   UNA   FELIX   HEDE

Wo führt das alles hin?

*Ich verstehe mein eigenes Wort kaum. Woher kommt nur dieser Schwall an Stimmen?*

Es hört sich an, als würden sie miteinander korrespondieren.

*Es hört sich an, als würden sie sich nachsprechen. Meint ihr, sie haben eine Botschaft?*

Es hört sich schief an. Als sei alles leblos und krank.

*Vom Leben gibt es hier überall zu viel.*

So ein Dschungel ist wie eine Metapher für unsere Welt.

Alles Gerede maniert und eitel. Es geht nicht mit rechten Dingen zu.

*Sie hat keinen blassen Schimmer.*

Sie ist unverbesserlich.

*Sie ist ein Mensch mit Träumen.*

Ich werde niemals enden wie ihr.

*Wie enden wir?*

Ihr endet, wie ihr lebt. Gefühllos. Kalt.

Tot?!

Schon wieder dieser Tod. Ich kann es nicht mehr hören!

Wir schätzen, was ihm anheimfällt.

Er löst jeden auf. Heute mich, morgen dich.

Der Tod liegt uns zu Füßen.

*Wir stehen mit beiden Beinen auf ihm.*

Wir fliehen vor dem Verbrechen unserer Geburt.

Wir sind seine Erfindung. Er spricht uns aus.

Ich verschwinde ganz hinter den Bezügen.

Du bist bereits nahezu verschwunden. Das ist auch gut so. Du Paradiesvogel, ohne dich wäre alles so einfach. Du hast intrigiert. Du hast die

SAMARIA UNA FELIX HEDE

Alte in ihrem Siechtum bequatscht. Du hast die Situation ausgenutzt und glaubst auch noch, damit durchzukommen. Darauf kommst du nur, weil ihr zwei unter einer Decke steckt. Ich bin mir ganz sicher.

Sie wird auch mir immer fremder.

Wir sind lebende Leichen.

Jedes Verbrechen begangen haben, nur nicht jenes, Mutter zu sein.

*Er ist die letzte Präsenz.*

Er macht das grelle Licht der Welt erträglich.

Die Zeit ist erstarrt.

Mit ihr verharrt alles zu einer Allegorie.

Was von Beginn an als Verfehltes, Leidvolles, Krankhaftes gefroren war, taut nun auf.

*Als gebäre die Welt vom Ende aus gesehen erst ihre Wirklichkeit.*

Auf Samoa hat man sich erzählt, Geister würden, was wir sehen und hören, aus Pappmaché zusammensetzen zu einem Bild.

Diese Phantasien hatte man sich zu lange erzählt. Es gibt hier nichts mehr Rätselhaftes.

*Auch keine Psychologie mehr.*

Kein Illusionismus.

*Keine Unauflöslichkeiten, kein Disparates, kein Widerspruch.*

Keine Möglichkeit, nirgends.

Hört ihr die Brise flüstern?

Was erzählt sie uns?

*Sie erzählt, was vermodert.*

Wir sind so modern.

Die Botschaft schöpft ihre Autorität aus der Finsternis.

Man versteht es nicht und versteht sie doch. Ihr Mantra ist Trauer.

> *Samaria, man glaubt, erneut in einer Welt mit offenem Ausgang zu leben. Ist aber nicht so. Nach dem Stillstand ist es übergegangen in den ewigen Zustand. Keiner wollte den Untergang sehen, der diese einmalige Transformation gewesen ist. Nun ist es zu spät.*

Wir waren blind, als wir glaubten, der Lauf der Dinge würde zur Unterhaltung dienen und zur Zufriedenheit enden.

> Wir waren vermessen.

> *Es waren lächerliche Konventionen, die uns verführt hatten.*

> Diese Konventionen legen wir notgedrungen ab unter der Sonne von Samoa.

> Hat wer geglaubt, er hätte im Grunde nicht alles verloren?

Ich.

> Sie war das Zeichen der Hoffnung.

> *Diese Samaria ist einfach unverbesserlich.*

> Auch eine Träumerin hat ihren Zweck.

> Ohne sie wären wir in diesem Dickicht nicht vorangekommen.

> *Ich weiß, wo wir rauskommen!*

> Ich auch. Rate mal!

> *Am Grabmal.*

Wo ein Wort ist, geht es unweigerlich weiter.

> Zu sprechen heißt jetzt, hörbar zu sterben.

> *Auch andere haben darauf vertraut, die Sprache sei eine Leiche und könnte keine Verbindlichkeit mehr herstellen.*

Tja, sie vegetierte als Untote.

SAMARIA UNA FELIX HEDE

*Jetzt aufersteht sie und ist wirkungsmächtiger als je zuvor. Sie hat ihr subjektives Gewand endlich abgestreift.*

Sie ist wiedergekehrt als die Wirklichkeit von Fakten.

# SAMOANISCHE STÄTTE

Endlich sind wir an der Lichtung angelangt! Ich dachte, es endet nie.

Herrlich! Seht, was sich uns offenbart! Dieser Ort ist wie gemacht für eure Flitterwochen mit Kultur.

*Kultur ist etwas für Touristen. Ich möchte weiterhin Kunst.*

Zum letzten Mal, es ist ein Denkmal.

*Danke. Wir haben es verstanden.*

**Es ist einfach nur eine erbärmliche Hütte. Wofür den weiten Weg?**

Das war das Gemeinschaftshaus unserer Vorfahren.

Unsere Zukunft sieht anders aus.

Ich sehe diesen Ort zum ersten Mal wieder, seitdem ich mit meinen Eltern weggegangen bin. Es scheint, als wäre er erst kürzlich verlassen. Findet ihr nicht auch? Es sind Überbleibsel, die mich nicht berühren. Eigentlich kann ich mich an nichts erinnern. Sie symbolisieren eine Einigkeit, die es wahrscheinlich nie gegeben hat. Im Grunde erzählen sie von unserem Wunschdenken, das von einer konkreten Vergangenheit abgeschnitten ist. Ein Phantasma. Was wir heute tun, ist dieses Gespinst zu bewahren. Wäre es nicht unerträglich, aus dem Auge zu verlieren, was man bereits vernichtet hat? Die größte Sehnsucht unserer Zivilisation ist es, diese Trümmer zu erhalten, um sich an ihnen zu berauschen. Ich sehe, was ihr nicht seht. Eine Hütte, die gar nichts bedeutet.

Wir machen aus der Gegenwart ein Museum. Darin liegt die Gemeinschaft als ein toter Körper, regungslos. Sie hat kein Grab, in dem sie auf die Nacht wartet. Es gibt keine Untiefen, aus denen sie wieder steigen könnte. Ihr Spuk ist aus. Wir verspüren keinen Grund zur Trauer. Denn seht euch diesen Ort an und imaginiert, hier sind Menschen zusammen gekommen – um was zu tun? Was haben sie miteinander angefangen? Unvorstellbar. Menschen saßen unter diesem erbärmlichen Dach beisammen, haben sich Kindereien erzählt, haben sich Albernheiten hingegeben, lagen in ihrem eigenen Dreck. Niemand unter ihnen, der die anderen überwunden hatte, jedes Talent unterdrückt, keine Unterschiede, die sich bekämpften und auf eine neue Stufe führten. Eine

SAMARIA

UNA

FELIX

HEDE

homogene Masse, eine unnütze, fade Runde, in der blöd ge-
kichert wurde und dummes Zeug geredet, das keinen Sinn
ergab. Würde man uns unter diese Menschen zurück zwän-
gen, wir hielten es keinen Tag aus. Ihre Ödnis würde uns in
den Wahn treiben. Dieser unerträgliche Zustand liegt jetzt
friedlich dar. Man wird nach Samoa kommen, weil hier die
Vergangenheit so harmlos aufgebahrt ist und keinen mehr
beängstigt. Samoa wird ein nettes Ausflugsziel sein für ein
Wochenende Urlaub.

*Das Leben ist Veränderung auf der sichtbaren
Oberfläche. Die Kunst hingegen entdeckt, was hinter dem Geschrei von Nachrichten und Fetischen
waltet, aus dem der Mensch gemacht ist. Die Kunst
ist der Nullpunkt. Sie macht die Welt nutzlos. Unter
dem Schein des Lebens waltet ihre Allgegenwart
und Ewigkeit. Ich sehe schon vor mir ein neues
Vorhaben. Ich werde mir eine Wunderkammer von
Schädeln anlegen. Koste es, was es wolle.*

Das hätte ich nicht von dir gedacht. Du bist es!
Dazu bist du fähig? Das ist ja das allerletzte,
dass du, ausgerechnet du mir das antun willst.
Es ist mehr als eine Enttäuschung. Du hast
dich von vorne angeschlichen, frech, gierig. Ich
will noch nicht. Du kannst alles haben, wenn du
mich am Leben lässt. Ich unterschreibe, was
du aufsetzt. Sofort! Nein? Nur ein Wort... Ja? Ich
verrate dich nicht. Sprich! Was trägst du da in
deiner linken Hand? Hast du keine Angst, dass
du zur Rechenschaft gezogen wirst? Macht ihr
gemeinsame Sache? Warum grinst ihr? Was
tänzelt ihr?

# YACHT AUF STÜRMISCHER SEE

*Ein Wind setzt ein.*

Das Unwetter fegt über Samoa.

Der Zyklon macht es auf Wasser komfortabler, als es zu Land ist.

*Glücklich, wer sich jetzt auf seiner eigenen Yacht wähnt.*

Hat jemand Hannah gesehen?

Ihr letzter Wunsch war, auf dieser Insel zu versterben.

*Hat jemand Hede gehört?*

Sie war eine Überlebenskämpferin.

Beide sind wie verschollen.

*Spurlos.*

Niemand hat etwas bemerkt.

*Wer hätte damit gerechnet?*

Es war Hannahs Idee, mit mir die Wette einzugehen. Ich wollte sie noch bewahren.

Dich trifft keine Schuld. Du hast alles gut gemacht.

*Hede wollte Hannah unbedingt vernichten.*

Der kommende Kommunismus darf keine Opfer gekostet haben.

*Jede Zeit kennt ihre Verlierer.*

Kein Mensch ist relativ.

*Das große Ganze soll keinem relativ sein.*

Hannah war von Haus aus einfach gestrickt.

*Das einfache Gemüt lässt sich von jedem Gespenst erschrecken.*

Sie war eingeheiratet.

*Wir sind hineingeboren.*

SAMARIA    UNA    FELIX

Bist du manchmal überrascht, dass das Schicksal dich getroffen hat, das zu sein, was die anderen sich wünschen?

*Nein.*

Ich auch nicht.

*Wir sind der entscheidende Teil.*

Des Ewigwährenden.

Wohin ich blicke, schaut der Untergang zurück.

*Deine Sprüche haben nun ein Ende.*

Nichts stört noch unsere Mitte.

*Wir sind der letzte Grund. Uns beiden kommt der Platz zu, um den sich alles bewegt.*

Bei uns herrscht Windstille. Wir sind der ruhende Punkt, an dem es sich bündelt. Weißt du, Samaria, wir haben uns den Himmel auf Erden geholt.

*Mehr Himmel kann man sich nicht wünschen.*

Mehr kann man dem Dasein nicht abverlangen.

*Wir regieren, indem wir die Welt in Fluss halten.*

Die ewige Revolution ist machbar.

*Alles in eine absolute Energie transformiert.*

Jeder eingefügt.

*Die Zirkulation lehrt die Menschen zu fließen. Ohne Unterlass.*

Damit sich das Kapital vermehrt. Ohne Unterlass.

*Sie wohnen an Orten, die durchlässig sind, mit offenen Türen, neue Möglichkeiten überall, frischer Wind, jederorts eine Option, Diversität, wohin man schaut, Heterogenität, wonach man fragt.*

Bisher gab es zu viele Mauern auf dieser Welt.

*Sie wird zu einem unüberschaubaren, tobenden Meer verwandelt.*

Ein Meer aus Menschen.

*Nervös und hysterisch.*

Wir sind ultramodern.

Warum war ich nur so blind!?

Seit Menschengedenken wird nach einer Totalität gesucht, die man verloren glaubte. Welche Namen wurden nicht bemüht, welche Versuche nicht unternommen! Doch von Dauer ist nichts gewesen. Eine Möglichkeit nur ist geblieben. Und wir sind der Strohhalm.

*Sie werden sich an uns klammern.*

Mich schert kein Ballast.

*Was würde Hannah jetzt wohl sagen?*

Wisst ihr – unter uns –, das waren die Komödie und das Trauerspiel über den Anbeginn des Neofeudalismus. Doch warum wird er bestehen? Weil der Einzelne sich darin geborgener fühlt? Ach, nein. Der moderne Mensch ist ein rationales Wesen, das sich noch unzählige Bedürfnisse befriedigen möchte. In seinem Begehren macht er die Gesamtrechnung auf. Er stellt die Welt auf Gewinn und Verlust. Da zählt vor allem, je mehr Möglichkeiten er hat, desto besser kann er sich verwirklichen. Nichts ist ihm wichtiger, als die Entscheidungsvielfalt gesichert zu haben. Die Garanten der absoluten Vielfalt sind ihm Götter. In dieser anbrechenden Zeit ist das unser Monopol.

Schönes Wort. Wann konnte es zuletzt wahrhaftig erklingen?

*Das Monopol, das sind wir. Jeder hat seinen Beitrag geleistet.*

Denken wir an Hede.

*Gedenken wir Hannah.*

Besonders danken wir dir, meine Liebe.

*Du warst so bereitwillig, dich hinters Licht führen zu lassen. Damit durften wir nicht rechnen.*

Wirklich nicht. Aber es fiel mir alles so leicht. Ich war hingerissen von deinem Bekenntnis. Eine Position zu beziehen, begeistert auch andere. Der Kommunismus ist so wichtig für das bessere Leben aller Menschen. Er hat uns auf eine Idee gebracht.

SAMARIA

UNA

FELIX

*Wir glauben, dass es immer stärker ein Bedürfnis nach Teilhabe geben wird.*

Notgedrungen. Wir werden das Teilen anbieten.

*Ich habe schon große Lust in das Teilen zu investieren.*

Die Menschen werden für das Teilen bezahlen und mit dem Teilen leben.

*Wir werden auf alles, was geteilt wird, eine Provision erheben.*

Das ist eine Geschäftsidee.

*Sie ist uns unterwegs gekommen.*

Als wir über dich nachgedacht haben.

*Teilen schafft Bindung.*

Ich teile auch.

*Hast du es ihr bereits verraten?*

Es sollte eine Überraschung werden.

*Du bist nicht dazu gekommen!*

Wie verständig du bist. Ich bin nicht dazu gekommen.

*Es ist quicklebendig.*

Es ist bereits zwei Monate alt.

*Es wird ein Mädchen.*

Sie soll deinen Namen tragen. Als kleines Dankeschön.

*Zur Erinnerung. Warum versteckt Samaria sich?*

Ich dachte, sie kann es sich denken.

*Sie sieht klüger aus, als sie ist.*

Sie wird es nicht überleben.

*Sie lebt noch.*

Sicher?

*Todsicher.*

UNA   FELIX

Es hat ihr die Stimme verschlagen.

*Gleich darf sie reden, soviel sie will.*

Sie ist leichenblass.

*Ihr Körper ist so schön anzuschauen. An was wird er uns nicht alles erinnern?*

An all die Liebeleien.

*An die großen Entwürfe, die ihr erträumt habt.*

An eine vergangene Welt, die ins Museum eingeht.

*Eine Insel der guten Absichten.*

Dein Körper konserviert, dein Wille einbalsamiert.

*Ihr sind die Züge aus dem Gesicht gewichen.*

Samaria, die Königin meines Dramas. Nimm dich nicht so wichtig.

*Die Toten sind nichts wert.*

Sie sind es wert!

Lass sie dahinfahren.

*Es ist verschwendete Energie.*

Bringen wir es zu Ende.

*Und dann speisen.*

Was gibt es?

*Fisch.*

Fleisch.

*Auf zu neuen Ufern, Samaria.*

Sei frohen Mutes.

*Entschuldige uns. Es wird frisch.*

Geh hin.

*Spring.*

Zier dich nicht.

*Sie hängt am Leben.*

SAMARIA  UNA  FELIX

Ach, nein. Halte kurz inne.

*Es muss doch sein.*

Komm her…

*Lass sie gehen.*

Ja, bitte.

*Sag Tōfā.*

Tschüss.

*Irgendwie ist es traurig.*

Die Produktion einer Leiche ist, vom Tod aus gesehen, das Leben.

*Rette sich, wer kann.*

Es ist gut. Nehmen wir es so hin. Bis zum letzten Atemzug habe ich auf das Beste gehofft und erkenne, wie begrenzt ich als Einzelne in der Tat bin. Es bräuchte mindestens zwei. Auf sich alleine gestellt will ich mich nicht der Kränkung hingeben, einer Ausweglosigkeit ausgeliefert zu sein. Ich freue mich vielmehr, unter euch zu sein und die Geisterstunde überstanden zu haben. Es war ein Spuk. Nicht wirklich. Lebend hätte ich nicht geglaubt, was es bedeutet zu verwesen. Es ist ein erleichternder Zustand. Ich war von den Eltern geschieden, um meinen langen Marsch durch die Paläste zu unternehmen. Ich dachte, sollte ich hinein kommen, könnte jeder in ihnen wohnen. Entschuldigen Sie mir meine Naivität. Ich war eine Heimatlose, die sich ein Zuhause schaffen wollte. Ich bin rein durch den Dienstboteneingang und durch eine Luke ausgespuckt worden. Wer hat geglaubt, es sei mehr möglich?

Sie hatte einen Traum von einem Kindergartenfreund. Mit dem sei sie auf Palmen geklettert, um die saftigsten Kokosnüsse zu erreichen. Wer zuerst drunten war, hatte beider Nüsse gewonnen. Sie sind Rochen fangen geschwommen. Wer als erster einen Stachel erbeutet hatte, bekam einen Kuss. Dann ist sie mit ihren Eltern davongeflogen. Sie wollten etwas anderes vom Leben als diese Insel. Samuel wiederum hatte später eine Tochter, so alt wie sie damals selber gewesen waren, und die einen bezaubernden Namen trägt. Sie ist dort unten aufgewachsen. Mit ihr und den anderen ist er in ein Boot gestiegen. Sie ist ihm auf der Fahrt, als die erste Welle kam, aus den Händen geglitten und ins Meer gefallen. Daran hat sie sich mächtig verschluckt. Später ist sie verdurstet. Ich sehe dich!

Ich bin erleichtert, endlich unter euch zu sein. Ich heiße Samaria. Ich bin in Deutschland aufgewachsen und mit mir eine Jugend ohne Hoffnung, wieder eine. Eigentlich keine Jugend, sondern ein versprengter Haufen an frühgeborenen Greisen, fahl im Gesicht, noch nicht ausgewachsen, natürlich keiner Antwort verlegen, auf dem rechten Weg zum Erfolg, wissend um die Notwendigkeiten. Diese Alten stürmen nicht.

HANNAH

SAMARIA

HEDE

## Sie nisten sich ein als Bedienstete. Der Glückliche dank seines Komplizen bessergestellt.

Lassen wir uns nicht beeindrucken. Wir anderen werden zu Vampiren, werden durch die Zeiten wandeln, sie aussaugen nach dem Überleben. Als Spur weiterleben, untergetaucht in der Nacht, unsichtbar, um vor den Häschern das Gute zu bewahren, uns vor dem Zugriff der herrschenden Gesinnung zu retten, Sorge für sich zu tragen und für die Überlieferung des Verfemten. Fern dem Licht der vergangenen Aufklärung und der ständigen Beobachtung entrückt werden wir eine neue Gencration gründen. Wieder eine künftige. Lasst uns nicht die Hoffnung der Ironie preisgeben. Es wäre der billigste Weg. Lasst uns auch nicht im Narzissmus verharren. Auch das wäre der Weg des unglücklichen Bewusstseins, das als Stimme der Macht spricht. Lasst uns die Wahrheit bekennen, Fürsorge tragen, Güte in uns, Freundschaft pflegen und tanzen. Wenden wir uns ab von der gemeinen Politik, die dem Leben und der Kunst ihre Flüchtigkeit und das Unermessliche nimmt. Die Rechthaber lasst schmunzeln. Sie würden uns zu gerne nachfolgen, wenn ihre Befürchtungen sie nicht an das mickrige Leben hielten. Ihren Beherrschern aber werden wir die Vorrechte und Raubgüter entreißen, wenn es soweit sein wird. Vielleicht ist es auch eine energetische Angelegenheit? Ich habe beinahe vergessen, dass die Sonne schien, das Meer still dalag und der Sand warm unter meinen Füßen war. Vom Himmel herab spielte eine Melodie, die Korallen sich zurufen, wenn sie sich in Bewegung setzen. Wer hört sie? Jetzt ist die Sonne unter. Ich bin Samaria. Ich bin mit meinen Eltern ausgezogen. Als ich ein kleines Mädchen war, sind wir in dieses eine Land eingewandert. Hier bin ich herangewachsen, hier habe ich hassen gelernt, wurde zum Mädchen für alles, wurde benutzt und zuletzt verraten. Das ist meine Geschichte. Ihr nehmt mich nun in Empfang, und ich nehme meinen Platz ein an eurer Seite. Da stehe ich zum Sinnbild als Heilige. Uns zum Gedenken.

# DER STILLE OZEAN

Samoaner

Eu-re Träume, eu-re Träume bin ich, der Ge-sang. ____ Eure

♩ = 123

Tenor-Ukulele

Träu-me_ ver durs-ten_ im Wasser er-trin-ken auf Sand, ver-brennen in der

Luft vor den Au-gen der Götter, ____ die la-chen. ____ Zu wem soll ich

singen? ____ Zu wem? ____

# *MENSCHEN*

**Una** sieht fantastisch aus. Man will es dieser wunderbaren Frau nicht glauben, dass sie zum zweiten Mal schwanger ist. Im Sommer soll ihr Sohn zur Welt kommen. Mit uns spricht sie über ihr neues Leben als Mutter und über den deutschen Sozialneid. Das schlechte Klima bereitet ihr Sorgen. Sie denkt oft darüber nach, ob ihre Kinder in diesem Land noch in Geborgenheit und Frieden aufwachsen können. Sie erinnert uns daran, dass bereits ihre Großmutter den Lebensmittelpunkt verlagert hatte. Nach der Babypause möchte sich Una wieder verstärkt der Geschäftsführung des Familienkonzerns widmen, der zur Weltmarke aufgestiegen ist. Woher nimmt diese tolle Frau nur ihre Energie? Während unseres Gesprächs weicht ihr das bezaubernde Lächeln nicht von den Lippen.

*Felix sitzt galant an Unas Seite. Das einstige Enfant Terrible hat sich zu einem fürsorglichen Familienvater und erfolgreichen Geschäftsmann gewandelt. Sein Name schmückt nicht nur die bedeutendsten Kunstsammlungen, er wird im kommenden Jahr auch den Vorsitz des World Heritage Centre übernehmen. Felix erzählt, warum es ihm eine Herzensangelegenheit ist, der Welt, die ihn so reich beschenkt hat, etwas zurückzugeben. Vielleicht in Form einer neuen Stiftung?*

Die kleine Samaria ist schon eine ganz große Dame. Mit einer Handtasche von Hermès und der Puppe im Kinderwagen stolziert sie neben ihrer Mutter. Da hat der Satansbraten die Aufmerksamkeit von Una sicher. Sehen Sie, wie der süßen Samaria mit der Unterstützung ihrer Bonne die ersten Schritte gelingen.

KLEINE SAMARIA

UNA

FELIX

# SPOTS

IN DER KOMMENDEN AUSGABE!

## SAMARIA'S HAPPY BIRTHDAY PARTY

## LA BIENNALE DI VENEZIA

## THE WORLD ECONOMIC FORUM

## ACADEMY AWARDS – THE OSCARS

## VEUVE CLICQUOT POLO CLASSIC

## WIENER OPERNBALL

## WELTWIRTSCHAFTSGIPFEL

## OPENING CEREMONY OF EXPO

## LE FESTIVAL DE CANNES

## „EIN HERZ FÜR KINDER"-SPENDENGALA

## EINWEIHUNG DES WORLD HERITAGE OF SAMOA

黑森林

游览宁静的黑森林
发觉独一无二的德国文化
品味正宗的德国啤酒
沐浴真正的德国湖泊
行驶纯正的德国公路
现在享受50%优惠
黑森林火腿直送北京

HEISENLIN.CN

# SIEG!
## FÜR DIE GANZE FAMILIE

Ein Kammerspiel

# DAS VORWORT

Ein Netz an Kräften. Ohne Anfang und ohne Enden. Ein Wechselspiel von Wellen, immerwährend, anderorts. Morgen Zuwachs, heute Verlust, stets im Wandel. Im Ganzen nie ermüdend mal aus dieser Richtung strömend, dann in jene Richtung fließend, dort versiegend, hier aufstauend. Die Welt ist ein unabsehbarer Kreislauf ohne Einblick in den letzten Willen. Sie ist ein Markt ohne Innen und Außen. Das ist die Macht des Kapitals.

Für das menschliche Experiment sind diese Ströme Strukturen und Begehren, von denen man zumindest eine Ahnung hat, und in all dem Chaos ist unser Fortgang gemacht aus Ordnungen, Regeln und Vereinbarungen. Hier erst entsteht der soziale Körper und in der gemeinsamen Suchbewegung nach dem allgemeinen, wirtschaftlichen Fortschritt das Gemeinwesen. Das Gemeinwesen ist gleichwohl eine Variable, weil die gemeinschaftliche Gestaltung für uns nicht restlos berechenbar ist – wenn wir auch gerne der Gestalter wären. Der Mensch kann spekulieren. Es bleiben ihm die Wahrscheinlichkeiten, Prognosen und seine persönliche Anstrengung, das attraktivste Angebot abzugeben. Doch erst im Nachhinein, wenn die Ströme an ihm vorüber geflossen sind, erkennt er, ob er sich gut oder schlecht positioniert hat. Das Kapital entscheidet letztlich, wer es sich verdient.

Reden wir nicht lange herum. Historisch entfaltet sich das Kapital als eine Beschleunigung, von der das Gemeinwesen und das Individuum rasch abgehängt werden, wenn man nicht achtsam ist. Unsere Lebenszeit ist begrenzt und die Entscheidungen, die wir getroffen haben, sind unwiderruflich. Zeit ist daher nie genügend vorhanden; vor allem nicht, wenn ein gedeihendes Gemeinwesen die Behäbigen mitnehmen möchte. War es nicht die demokratische Utopie, dass es für alle ausreichend da sein wird? Doch wäre es nicht das machbare Paradies, wenn jeder so viel hätte, dass er sich damit begnügen könnte? In diesem Paradies des gelungenen Gemeinwohls ist jeder Einzelne bereit, all seine Anstrengung aufzuwenden, welche schlechten Voraussetzungen er auch mitbringt – und weil kein Mensch dem anderen gleicht, erzielen einige Wenige einen Vorsprung. Die Menschen sind von Natur aus stark ausdifferenziert.

Dem Staat kommt schließlich die Aufgabe zu, den vielen Behäbigen zu helfen, den richtigen Weg einzuschlagen. Zugleich muss er die wenigen Begünstigten, die als gutes Beispiel vorangehen, von Generation zu Generation bewahren. Ohne die beispielhafte Familie könnte es am Ende kein gelingendes demokratisches System geben. Ihr Wohl ist aller Wohl. Auf sie kommt es – sozusagen – an.

# NEPAL

**SCHAUPLÄTZE**

- Deutsche Botschaft
- Karger Pfad
- Dorf der Rebellen
- Heilige Stätte
- Basislager
- Tiefe Schlucht
- Steile Wand
- Gipfel des Mount Everest

# PERSONEN

**MAGRET** *ist Mutter und Managerin. Sie bewirbt sich um den Vorsitz der Desertec Industrial AG. Magret tritt das Auswahlverfahren nicht zuletzt an, um ihren Marktwert schätzen zu lassen. Sie ist voller Erwartung.*

**FRANK** *ist ihr Ehemann, Familienvater und Ex-Lobbyist. Frank hat vor Kurzem einen Herzinfarkt erlitten und benötigt im Augenblick etwas Quality Time. Er steckt in einem mentalen Tief und fragt sich, was mit ihm selbst in Zukunft anzufangen ist. Aber Frank freut sich.*

**NIKE** ist ihre Tochter und 15 Jahre alt. Sie besucht ein exzellentes Internat in Süddeutschland, das der Praxis Raum bietet. Über ihre Zukunft entscheidet sie selbst. Sie vertraut dem Rat der Eltern. Und Nike will Spaß.

**FRIEDRICH** Ein Deutscher. Friedrich ist einst nach Nepal ausgewandert. Als Sozialarbeiter wurde er zwangsläufig zum maoistischen Rebellen, ist heute verwitwet und einziger Überlebender seines Dorfes. Jetzt trachtet er nach Rache. Bis zum bitteren Ende ist er ein Terrorist.

**STAAT** Da sich die deutsche Nation als wirtschaftsstärkster Akteur im politischen Spiel durchgesetzt hat, besetzt die Bundesrepublik nach Gutdünken den Vorstandsvorsitz der Desertec Industrial AG – das neue Energiekonsortium der Europäischen Union. Das Pilotprojekt realisiert den größten, europäischen Energiepark auf dem afrikanischen Kontinent und erfordert eine mutige Führung.

MAGRET FRANK NIKE FRIEDRICH STAAT

# PROLOG ZUR PRÜFUNG:
## DEUTSCHE BOTSCHAFT IN KATHMANDU
## 1356 m

Es geht um unsere Zukunft! Deutschland sucht die Führungskraft. Diese Persönlichkeit wird das bedeutendste Projekt des anbrechenden Zeitalters der erneuerbaren Energien leiten: „Desertec! Es geht um's Ganze". Denn in Anbetracht der vielen politischen Spannungen stellt sich für uns alle die Frage, wie wir ohne einen Verlust unsere Energie vom europäischen Solarpark in der nordafrikanischen Wüste unter dem Mittelmeer hindurch bis zu uns nach Hause transportieren. Weil Deutschland über die Besetzung der wichtigsten Position entscheidet, hat es ein Auswahlprogramm ins Leben gerufen, das da heißt: SIEG! In Führung liegt eine aussichtsreiche Frau. Um zu gewinnen, muss auch sie mit ihrer Familie antreten.

*Seien Sie herzlich gegrüßt! Ich heiße Magret. Ich bin gelungene Mutter und von Haus aus Ökonomin mit Doktorwürde. Mein Ziel ist es, den Vorsitz des Konsortiums zu übernehmen. Dafür werde ich den Mount Everest bezwingen, komme was wolle!*

Hallo. Ich bin Nike. Ich gehe zur Schule auf ein prominentes Internat und hab' die zweithöchste Intelligenz in meiner Klasse und werde beruflich eine erfolgreiche Schriftstellerin. Kongruent dazu will ich auf einer der Eliteunis Neurologie studieren. Denn um über die Menschen schreiben zu können, muss man den Menschen erst einmal verstehen, sage ich immer. Ich tu alles dafür, dass meine Mutter diesen Berg da bezwingt!

*Mein Name ist Frank. Ich bin Ehemann von Magret und Vater auf zweitem Bildungsweg. Spaß beiseite. Ich hatte einen Herzinfarkt. Bis dahin war ich verantwortlich für die nachhaltige Gesprächskultur zwischen der Rüstungsindustrie und dem Entwicklungsministerium. Darüber wird in der Öffentlichkeit nur ungern gesprochen. Mit solch einer Aufgabe bin ich allein geblieben. In so einem Beruf macht man sich Sorgen, wo es anderen gut geht. Jetzt aber will ich alles tun, damit meine Frau diesen Berg bezwingt!*

Sehr geehrtes Gemeinwesen! In unserer Mitte ist eine Spitzenposition frei geworden und mehrere auserwählte Kandidat*innen kämpfen um diesen einen Arbeitsplatz. Jede und jeder hat Stärken und Defizite. Die Siegerin wird es verdient haben. Ihr winken ein entsprechendes Gehalt und eine individuelle Tantieme. Wir wollen offen legen, wie es sich mit dem Wettbewerb verhält. Die Aufgabe ist es, den Gipfel des

MAGRET    FRANK    NIKE    STAAT

höchsten Berges der Erde zu besteigen. Besteigen Sie den Mount Everest! Finden Sie selbst den Pfad nach oben! Es gibt Chancengleichheit. Es gibt keine Bevormundung. Keinen Führer. Keine Sauerstoffflasche. Nur dünne Luft. Selbstverständlich gibt es eine Favoritin. Auch sie weiß nicht, wie weit die Konkurrenz gekommen ist. Wie ihre Konkurrenz soll sich diese Kandidatin mit ihrer Familie beweisen. Denn die Familie ist der Schaum, von dem die einzelne Blase ausgeht und mit ihrem Humankapital zu einer ganzen Sphäre werden kann. Und: Sie, wertes Publikum, sollen mitentscheiden. Sie haben die Möglichkeit der demokratischen Bürgerbeteiligung. Dieser Volksentscheid ist partizipativ. Sie haben eine Stimme. Sie tragen Verantwortung! Es geht um Ihre Stimme! Es ist Ihre Stimme!

# ERSTE PRÜFUNG:
# KARGER PFAD
# 1844 m

Ich werde alles der ganzen Welt berichten.

*Keine Klagen!*

Ich lass mir gar nichts sagen.

MAGRET

NIKE

*Wir haben uns gemeinsam entschieden.*

Gemeinsam? So ein Quatsch.

*Wir entscheiden in der Familie demokratisch.*

Wie demokratisch?

**Plappere nicht alles unüberlegt nach. Nur der Herzinfarkt von deinem Vater kann uns noch zum Problem werden.**

*Ich habe vor zwei Jahren meinen Abenteuerurlaub hier oben verbracht. Deine Mutter weiß nur zu gut, dass ich den Weg auf diesen Gipfel gestiegen bin, den sie erst einmal besiegen muss.*

**Damals ist er noch nicht hinter mir her gelaufen.**

*Seitdem habe ich mich täglich trainiert.*

**Sag mir jemand, warum ich mir überhaupt Sorgen mache.**

Vielleicht werden mir diese Berge und Ödnis zu anstrengend.

*Teil dir deine Kräfte ein, Nike.*

**Kümmere du dich bitte um deine eigenen Kräfte.**

Boa! Ob es so weit ist, wie es scheint?

**Wie gesagt, ich möchte vor allem vermeiden, dass er auf halbem Wege umdrehen muss...**

Bestimmt gibt es eine Abkürzung.

**...auf dem Gipfel stehe ich sonst mit meiner Tochter allein da. Wie sieht das aus! Ein anderer nimmt meine Position ein, und mein Scheitern spricht sich noch überall herum.**

*Deine Mutter glaubt wirklich, sie könnte sich auf dich mehr verlassen als auf mich. Dabei bist du eine reife Frau, wohnst bereits außer Haus und hast deinen eigenen Kopf.*

**Hör ihn dir an.**

*Nike hat wenigstens einen Vater.*

Wenn es anstrengender wird, drehe ich um.

**Sie will uns nur mit ihrem Aufmerksamkeitsdefizit verärgern.**

 MAGRET  FRANK NIKE

*Sie schlägt ganz nach dir, wenn wir uns an dich in ihrem Alter erinnern.*

**Dein Vater sehnt sich nach allem, was jung ist, seit er seinen Herzinfarkt hatte.**

*Deine Mutter hat sich mittlerweile von allem verabschiedet, was nach Jugendlichkeit aussieht.*

**Deine Mutter nimmt ausschließlich Rücksicht auf den Zustand deines Vaters.**

*Immerhin klettere ich mit ihr nach oben.*

Am besten wir freuen uns jetzt schon auf die Ankunft.

**Von dort oben werden wir die Aussicht auf den Rest der Welt genießen.**

*Den Rest der Welt genießen.*

Den Rest der Welt genießen.

**Die Vorfreude soll uns tragen.**

*Aus den Erfahrungen meines Abenteuerurlaubs kann ich euch sagen, dass es eine Selbstverständlichkeit nach oben braucht. Jedem Schritt muss man ansehen, dass man es verdient hat.*

**Wir werden nichts unversucht lassen.**

*Wie sie sich mit jedem Schritt versucht, wird man noch aus 8848 Metern erkennen.*

**Dein Vater hängt wie ein nasser Sack an mir. Das sieht man auch.**

*Sag ihr, sie soll ihre Aufgabe sportlich nehmen. Es werden Haltungsnoten vergeben.*

**Sag ihm, er soll nicht erwarten, dass ich ihn nach halber Strecke mittrage.**

*Keine Sorge. Unsere Ehe wird seit jeher von der Liebe getragen.*

**Du irrst dich gewaltig. Nike, für ihn als Mann ist die Ehe ein reines Zweckbündnis. Erst hat er sie für die Steuer gebraucht, dann für seine Biografiearbeit, später für die**

*Versorgung seines kranken Herzens und heute als Depot seiner Bosheit. Ich kann das akzeptieren. Aber eine Liebe kommt mir nicht mehr ins Haus. Erst recht nicht jetzt, wo es sich wieder lohnt, sie auszubeuten.*

Was deine Mutter mir auch immer in Rechnung stellt, Gefühle können sich ändern. Vor allem für eine Frau, die mit jedem Schritt nach oben an Attraktivität gewinnt. Meine Liebe.

*Für mich rechnet sich die Liebe nicht, vor allem nicht bei einem abgearbeiteten Mann.*

Wenn es so weiter geht, kommen wir dann bis nach ganz oben?

*Wir kommen dorthin, wenn du in dein Leben investierst.*

Der Aufstieg soll dir eine Lehre sein, dass das Leben mühsamer ist als ein bisschen Internat.

*Ihre Ausbildung subventioniere ich mit meinem Verdienst.*

Ihre Ferien bezuschusse in der Regel ich.

*Dafür könntest du Danke sagen.*

Sag wenigstens etwas Vernünftiges.

Kannst du nicht hier unten einen Job bekommen?

*Sie will uns ein schlechtes Gewissen machen, weil du sie auf das Internat geschickt hast.*

Mir ist der Weg zu weit. Außerdem hätte ich wissen wollen, welche Qual das Leben ist, bevor ich auf die Welt gekommen bin.

*Jeder muss sich seine Spitzenposition verdienen. Vor allem wir Frauen.*

Vor allem wir Männer sollten wieder beispielhaft vorangehen.

*Was bringen sie unserer Zukunft eigentlich bei? Hast du als meine Tochter keine Ambitionen?*

Ich träume jede Nacht sehr viel und ich will einmal Schriftstellerin werden. Dann reise ich mein Leben lang um die Welt und berichte von den exotischsten Orten und Menschen und verdiene mit meinem Urlaub mein eigenes Kapital.

*So ein Schwachsinn.*

Das kann sie nicht von mir haben.

MAGRET  FRANK  NIKE

**Das hat sie aus dem Internat mitgebracht.**

*Die Anstrengung wird dir deine Träumereien austreiben.*

**Nimm dir ein Beispiel an deiner Mutter.**

*Sie ist von einer sinnvollen Tätigkeit ausgefüllt, die auch anderen Menschen hilft.*

**Irgendwoher kommt die Energie, die wir jeden Tag konsumieren.**

*Auch du wirst später mal Verantwortung für ein Unternehmen tragen, und dein Unternehmen wird von erneuerbaren Energien begünstigt sein.*

**Dann werde ich es gewesen sein, die das ermöglicht hat. Nike! Sieh dir die Sonne dort oben an! Sie muss man sich auf Erden holen und verdienen.**

*Sie strahlt nicht von selbst. Du musst Überzeugungsarbeit leisten in der Politik. Mit dieser Aufgabe hat Papa deine Familie ernährt.*

Bis Papa krank wurde.

**Entscheidend ist zuletzt die Umsetzung des Projekts.**

*Entscheidend ist die Durchsetzung eines Projekts.*

**Was willst du eigentlich, Frank?! Willst du ewig hinter mir herlaufen?**

*Magret, ich werde dich wieder überholen. Denk daran, wenn du nicht weiterkommst und selbstverschuldet zusammenbrichst.*

**Eher bleibt dein Herz stehen wegen Zuviel dünner Luft.**

*Die Luft hier oben beflügelt mich nur.*

Ich brauche eure Energie sowieso nicht. Denn ich werde eine anerkannte Schriftstellerin. Dazu benötige ich nur mein Selbst, meine Kreativität und meinen Reiseblog, auf dem ich von allen besonderen Orten der Welt berichte.

**Vielleicht war sie unser einziger Fehler.**

Ich werde die ganze Zeit Urlaub machen und beim Urlaub Machen mein eigenes Kapital verdienen.

*Das musst du einfach überhören.*

MAGRET    FRANK    NIKE

*Sie ist meine Tochter.*

Ja, sie ist deine Tochter!

*Sie wird auf mich zurückfallen.*

Du musst an deine Mutterliebe appellieren.

*Träumst du nicht wenigstens manchmal Vernünftiges von deiner Zukunft?*

Heute Nacht habe ich geträumt, dass ich in einem fremden Land bin, unterwegs mit meinem Reiseblog vom Bahnhof zum Sechs-Sterne-Hotel, und ihr wart auch dabei als meine Gepäckträger. Dann kam ein Terrorist vorbei und hat euch die Kehlen aufgeschlitzt und mich in die Berge entführt. Ich habe mich ihm dann ganz hingegeben, ganz ohne Drogen.

*Das verlangt zu viel von mir ab. Wir haben ihr nicht das Internat finanziert, damit sie mit solchen Phantasien auf uns trifft.*

Ich bin erschüttert. Wir sollten ihre Ausbildung noch mal überdenken. Sie sollte näher an der Praxis sein.

*Dein Vater und ich haben demokratisch beschlossen, in Anbetracht deines Verhaltens und weil dein Vater zur Zeit zu Hause nutzlos und unzufrieden herumsitzt ohne eine Aufgabe, und auch seit seinem Herzinfarkt zu keiner herausragenden Leistung mehr fähig ist, haben wir entschieden, dass du zu uns ziehen wirst und von ihm erzogen, wenn ich da auch meine Vorbehalte habe, weil er auf Grund seiner Entwicklung nicht ganz als Vorbild dient. Ich werde mir an jedem Sonntag Bericht erstatten lassen.*

Dir ist wohl dein Verstand abhanden gekommen!

*Dir ist wohl der Sinn für unsere Tochter abhanden gekommen!*

Du musst verstehen, dass deine Mutter keinen Vater hatte.

Ich drehe um!

Der hat sich nämlich...

*Wenn du still weiter läufst, darfst du dir etwas wünschen.*

Ich wünsche mir eine endlose Auszeit von dem Hin-und-Her-Getrieben-Sein. Die Welt krankt doch an dieser ständigen Plagerei, immer mehr haben zu wollen. Es geht etwas

MAGRET · FRANK · NIKE

*fehl. Dieser Gedanke kommt einem nicht einfach so. Ich*
*wünsche mir einen endlosen Urlaub unter der Sonne des*
*Pazifiks mit Palmen und einem Horizont von türkisenem*
*Meer, eine Hütte nahe dem Steg, alles ohne großen Auf-*
*wand, minimalistisch, stilvoll gehalten, klein aber fein, eine*
*Hütte mit Rundumversorgung, einer totalen Verwöhnungs-*
*stufe, zum Verweilen, exklusiv, samt Kultur. Ein Paradies*
*auf Erden! Spaß beiseite. Eine Verjüngungskur für meine*
*Frau würde ausreichen. Oder eine Frau wie meine Frau vor*
*dreißig Jahren. Etwas Frisches. Das wäre was! Gemeinsam*
*leben wir dann in diesem Urlaubsparadies.*

Wenn ich oben angekommen bin, dann wünsch ich mir dafür einen eigenen
Reiseblog mit viel Aufmerksamkeit und Anerkennung, mit dem ich immer um
die Welt fliegen kann, jederzeit und wohin ich will, vierundzwanzig-sieben,
und dafür Kapital bekomme. Klaro. Außerdem... wünsche ich mir viel Erfolg
als Schriftstellerin und später, wenn ich noch größer bin, vielleicht einen
eigenen Verlag für Blogs. Dann noch mal Bewunderung. Jemanden, der mir
Liebe schenkt – und eine Familie.

**Ich wünsche mir, angelangt zu sein auf dieser Spitzenposi-**
**tion, von wo aus ich die Lage überblicke und erkenne, dass**
**keiner mir die Spitzenposition streitig machen kann. Dann**
**gibt es eine Last, die auf jedem lastet, der sich als Privile-**
**gierten wahrnimmt, so dass ich mir auch wünsche, ein Mal**
**entlastet zu sein von den Privilegien. Was soll man sich da**
**noch wünschen? Ich wünsche mir eine Yacht.**

Wenn nicht sofort einer von deinem scheiß Deutschland daher kommt und
uns nach oben fährt, drehe ich um!

**Ich gehe davon aus, dass man uns nicht mit uns alleine lässt.**

Können wir nicht einen von den Einwohnern fragen?

**Das hört sich nach meiner Tochter an.**

Du kaufst denen was, damit sie sich als uns verkleiden und für uns hoch
marschieren.

**Das ist das Vernünftigste in Anbetracht von Faulheit und**
**Gebrechen.**

Irgendwo haben sie jemanden versteckt, der uns die gesamte
Zeit beobachtet.

**Ist es nicht seltsam, dass wir auf niemanden treffen?**

MAGRET    FRANK    NIKE

# DARUM PRÜFE, WER SICH EWIG BINDET:
## DORF DER REBELLEN
## 2016 m

Ich war ein Liebender. Ich war ein Maoist, dann Guerillero. Ein deutscher Staatsbürger einmal vor langer Zeit, auch Sozialarbeiter. Vor sieben Jahren bin ich in diese kargen Berge von Nepal gekommen, um den Bitterärmsten zu helfen, der gröbsten Not zu entrinnen. Ich habe meinen

Überfluss mit ihnen geteilt. Nun hat man unser Dorf dem Erdboden gleichgemacht. Fern von daheim bin ich auch hier einsam zurückgeblieben. In diesem Krieg hat man mir alles genommen, nur nicht das Leben. Warum nur? Soll ich am Leben bleiben, damit man mir es weiter heimzahlen kann? Soll ich das Bild eines mangelhaften Menschen abgeben, der mit einem Defizit auf der Welt ist und dem nichts zu gönnen ist? Nicht einmal der Tod. Ich will mich an dieser Welt rächen. Mein letzter Wille ist es, die Täter und Profiteure zur Rechenschaft zu ziehen und ihnen jene gerechte Läuterung zu bescheren, die sich in sie hineinbrennt. In ihrer Funktionalität konnten sie zu lange vergessen, was das ist: echter Schweiß und echtes Blut.

*Schau einer an! Ein Mann. Abgestellt als Wegweiser. Er wird mir Recht geben.*

Er sieht aus wie ein Terrorist.

*Das hier ist Magret, meine Frau 2.0. Spaß beiseite. Sie ist eine ganz erfolgreiche Frau der neuen Generation. Geschäftsfrau, Mutter und Fürsorgende. Sie müssen wissen, ich hatte einen Herzinfarkt. Sie hat sich um mein Wohl gesorgt und zur gleichen Zeit noch mehrere Firmen abgewickelt. Eine Frau aus Kraft und Freude. Sie wird alles tun, diesen Berg zu besteigen!*

**Das ist Frank. Ehemann, Privatier, Scheidungskind. Ein Mann der Aufopferung. Erst hat er von Herzen andere geopfert für seinen Erfolg und dann hat dieses Herz seinen Erfolg geopfert. Da stand er nun mit bösartigem Organ, leeren Händen und gebrochenem Selbstwert. Wie hat er sich aus dieser Tiefe heraus kämpfen müssen. Frank hat seinen inneren Mount Everest bereits bestiegen. Dabei habe ich das Rettungsseil gehalten und den Fahrstuhl gedrückt. Frank wird mir jetzt und hier helfen, meinen eigenen Gipfel zu erklimmen.**

Ich bin Nike.

### Ich bin Friedrich.

Ich habe die zweithöchste Intelligenz in meiner Klasse und lebe außer Haus in einem berüchtigten Internat. Ich bin freiwillig mit meinen Eltern hier, denn ich bin erwachsen. Trotzdem unterstütze ich meine Mutter, dass sie ihren Berg bezwingt. Denn trotz meiner Geburt soll meine Mutter bis ganz nach oben kommen. Außerdem sage ich immer, ich bin weder naiv noch leicht zu haben.

**Ich bin Friedrich. Ich habe einmal geglaubt, dass nur ein Leben im Widerstand gerechtfertigt ist. Als ich hierher gekommen bin, wollte ich die Bürde der Tatenlosigkeit und des Zynismus einer ganzen Generation auf meinen Schultern tragen. Das ist jetzt vorbei. Sehen Sie hier die Reste von diesem ausgestorbenen Dorf. Darin sind wir alle eingegangen. Ich bin der letzte Überlebende. Ich habe an diesem Schicksal erkannt, dass ein richtiges Leben auch ein gutes sein muss. Außerdem bin ich das gute Leben wert.**

*Sehr klug! Sie sind ein reifer Mann.*

Du bist ein überreifer Mann.

*Sagen Sie den beiden Frauen, dass ich recht habe.*

Meine Eltern wollen auf diesen Gipfel da. Ich könnte aber mit dir eine total andere Richtung einschlagen.

**Ich bin dazu da, euch dorthin zu bringen, wo ihr hingehört.**

*Sie sind ein ganzer Kerl.*

Ich bin ein ganzes Weib.

*Das beweis du in Zukunft!*

*Er muss sich hier beweisen.*

*Wohin gehen wir?*

Ich bin für jede Veränderung offen, sage ich immer.

**Nach links.**

*Ein verlogener Zeitgenosse sind Sie.*

*Habe ich es doch gewusst.*

Ich gehe mit dir, wohin du willst, weil ich eine eigenständige Person bin wie du.

*Du stellst dich hinten an.*

Unser Weg führt weiterhin nach rechts.

MAGRET   FRANK   NIKE   FRIEDRICH

*Meinen Sie nicht auch, dass es geradeaus am schnellsten ist?*

Wir können uns trennen und irgendwann wieder treffen.

*Du willst mit ihm alleine davonziehen. Dich habe ich nicht großgezogen. Es ist offensichtlich, dass du dich, meine eigene Tochter, so einem um den Hals wirfst für Sex, obwohl du dafür noch nicht geeignet bist. Friedrich, nicht ein einziges Haar hat sie an ihrem Körper.*

Du bist total neidisch auf meine äußerliche Jugend.

*Sie ist noch viel zu jung für Sie.*

Aber im Gegensatz zu dir geht es mir um etwas anderes, als um die eigene Politik oder was auch immer.

**Wo geht es hier um Politik?**

*Das ist reine Privatsache.*

*Wir sind hier, um auf den Gipfel zu gelangen.*

Sie müssen ums Verrecken diesen Gipfel bezwingen, weil das der Familie, der Gesellschaft, dem Staat und Europa hilft.

**Eine Politik ist etwas anderes. Politik ist heute das, woran unsere Welt leidet. Diese Welt leidet an einem unersättlichen Reichtum, der einen Überfluss und eine Fettleibigkeit produziert, während Hundertmillionen Menschen verhungern. Es gibt einen Ausschluss breiter Teile der Bevölkerung aus dem Arbeitsprozess und damit einen Ausschluss von sozialer Anerkennung. Es gibt die Akkumulation des Kapitals bei den wenigen Begünstigten unter der Bedingung der Verarmung von Massen. Das alles ist nur zum Wohl einer kleinen globalisierten Elite, die in ausbeuterischer Absicht einen strukturellen Zwang unterstützt ohne Rücksicht auf Alter und Gesundheit. Ihre Herrschsucht wird erst durch den Ausschluss von Mitbestimmung befriedigt sein, sie forcieren den Ausverkauf der Demokratie durch die Verrechtlichung des Politischen. Es gibt die sophistische Selbstverständlichkeit bei den Angestellten, Beamten, Juristen, Funktionären und Lobbyisten, die dank ihres ach so kritischen Bedenkens wohlfeile Profiteure der Gegebenheiten sind und die Idee des sittlichen und des wahrhaftigen Lebens ad absurdum führen. Es gibt die technischen Möglichkeiten, die eine**

MAGRET FRANK NIKE FRIEDRICH

allgemeine Überwachung, Kontrolle und Bestrafung des einzelnen Lebens nahelegen. Es gibt die technische Möglichkeit der Vernichtung der gesamten Menschheit durch die atomaren und biochemischen Waffenarsenale – und damit die Auslieferung der Masse an die politisch Mächtigen dieser Welt. Es gibt digital gesteuerte Drohnen und Kampftechniken, die den realen Menschen und das Leiden virtualisieren und einen Krieg ermöglichen, der den Siegern kein Opfer und kein Ärgernis kostet. Es gibt den genetischen Eingriff in die Zusammenhänge der Natur ohne Rücksicht auf langfristige unkontrollierbare Risiken für jeden Menschen und jedes Tier. Zugleich nehmen wir das Aussterben von Tierarten in Kauf und den Hungertod von Menschen. Flüchtlingsströme überall, Klimawandel, Rückkehr der Religion und des Nationalismus auf der politischen Landkarte und damit des Extremismus, der sich nicht für das Diesseits interessiert. Letztlich gibt es angeblich eine Ratlosigkeit, was eine Kritik der Verhältnisse überhaupt noch bewirken kann, zu was überhaupt Philosophie und Kunst noch da sind, wenn sie sich nicht verkaufen. Es gibt den Humanismus nur noch auf der symbolischen Ebene als eine Propaganda gegen die revolutionäre Tat. Es gibt aber keine Menschenseele mehr, die ihr Leben für das Gute aufs Spiel setzt. Ich will jetzt nicht all unsere Probleme aufzählen, sonst sehen wir den Wald vor lauter Bäumen nicht mehr, weil wir so viele Bäume pflanzen würden, dass wir den Wald nicht mehr sähen.

Du bist es!

*Ein authentischer Mann!*

Ich will mein Leben auch aufs Spiel setzen für das Gute.

*Eine solche Performance ist Frank in seinem verletzten Stolz noch nicht gelungen.*

Für mich sind das ganz neue Töne. Von meinen Eltern habe ich so was nie zu hören bekommen.

*Frank, sag du auch was!*

Ja.

Was du da gesagt hast, das ist bestimmt alles total aktuell.

MAGRET     FRANK     NIKE     FRIEDRICH

*Sagen Sie, Friedrich, wo haben Sie so zu reden gelernt? Sie sind derart professionell.*

Ich habe meine Frau im politischen Kampf verloren.

Dann bist du sexuell komplett ausgehungert.

*Das macht uns alle sprachlos.*

*Auch ich bin überzeugt, es sollte wieder mehr Menschen geben, die sich für Politik interessieren. Leider müssen wir rasch weiter und gehen ab durch die Mitte.*

*Ich entschuldige meinen Mann, der beinahe nichts mehr mit mir zu schaffen hat. Sehen Sie, wie er es mit der Angst bekommt. Wie schlaff er ist. Von einer Frau muss er sich mit nach oben ziehen lassen.*

*Besser alle Gefahren vor Augen haben, als hier hängen zu bleiben.*

Nicht jeder hat zu kämpfen gelernt.

*Da sagen Sie Wahres.*

Manchmal muss Mann auch um nichts kämpfen. Manche Stücke vom Leben bekommt man einfach so.

Die wichtigen Dinge im Leben muss man mit Gewalt erobern, denn gerade sie sind immer schon vergeben.

*Soviel Wahrheit in einer ganzen Person! Frank, das ist unglaublich!*

*Alles liegt an der vielen Höhenluft.*

*Ich selbst denke wie Sie. Es bringt eine Belohnung mit sich, wenn man nur richtig zu kämpfen weiß.*

In meinem Leben habe ich gelernt, dass nur von Wert ist, um was man kämpft. Ich sehe bei Ihnen, dass es sich lohnt.

Bei mir gewinnst du auf jeden Fall.

*Wir sollten jetzt ganz schnell den Mittelweg wählen.*

*Ich bin mir meines Weges nicht mehr sicher bei so vielen Möglichkeiten. Links, rechts, Mitte. Jede Richtung hat ihre Nachteile und jede ihre Vorteile. Wir wollen sondieren,*

MAGRET

FRANK

NIKE

FRIEDRICH

*welche für uns die richtige ist. Demokratisch!*

**Vor allem bei einer reifen Frau kämpfe ich gerne mit allen Mitteln. Sie erinnern mich an meine.**

Die es nicht mehr gibt.

**Aber wehren Sie sich nur ein bisschen. Da würden Sie mir sehr entgegenkommen.**

*Ich bin eine Frau, die Deutschlands beste Führungskraft sein wird, sobald sie auf diesen Gipfel gelangt. Werde ich da nicht viele politische Probleme verursachen, die Sie beklagen?*

**Das ist mir Ansporn.**

*So eine Frau wird sich Ihnen niemals ergeben. Für so eine Frau sind Sie nicht gut genug.*

**Seien Sie nicht so nervös.**

Sie Erbärmlicher.

**Ihnen werde ich eine Lehre verpassen, an der sie zu tragen haben.**

*Sie denken nicht ernsthaft, ich würde von solchen kindischen Drohungen Gänsehaut bekommen.*

Mir läuft es kalt den Rücken runter.

*Einfach nicht hinhören.*

Meine Eltern streiten sich ununterbrochen. Die können unglaublich widerlich zueinander sein. Friedrich, glaub mir. Meine Mutter ist so garstig und verhärtet, da lockt kein Mensch mehr eine Zärtlichkeit heraus.

**Ich sehe das von einer anderen Seite. Jeder Mensch hat die Chance, sich zu ändern.**

Ich selber bin als Frau noch ganz unversaut.

**Deine Mutter habe ich fast am Haken.**

*Selbst wenn Sie glauben, mich niederzuwerfen, treiben Sie es noch zu meinem eigenen Lustgewinn.*

Hör nur darauf, was ich dir sage.

*Hört nur, was ich zu sagen habe.*

MAGRET   FRANK   NIKE   FRIEDRICH

Ich werde Ihnen keinen Spaß bereiten.

*Ich werde mir einen Spaß bereiten. Der wird Ihnen ein Leid sein.*

Mein Spaß wird es sein, Sie ins Jenseits zu befördern.

*Das sind nur Ihre kühnsten Träume.*

Von deiner Kampfeslust habe ich heute Nacht geträumt. Er ist es!

*Ich traue meinen Ohren nicht.*

Solch eine Rohheit wünscht sich jede emanzipierte Frau meiner Generation.

**Wir werden sehen, ob Sie mich trotz Ihrer degenerierten Ausgangsposition erobern.**

*Wenn wir so weiter gehen, drehe ich um.*

**Für deinen Papa haben wir bereits einen Ersatz.**

Ich gehe in die Richtung von Friedrich. Ich habe es viel mehr verdient.

*Für ihn geht es nur nach links.*

**Es geht nach rechts.**

*Ich habe es gesagt!*

**Dir hört niemand mehr zu.**

*Denn dort kommen wir an der heiligen Stätte vorbei.*

**Dann weiter zum Basiscamp.**

*Da habe ich meinen Abenteuerurlaub verbracht.*

Am Basiscamp machen wir es uns heimelig. Gemeinsam.

**Gemeinsam geht es die steile Wand hinauf.**

*Hier geht es auch einen tiefen Spalt hinunter.*

**Es geht an der steilen Wand obenauf.**

**Auf den Gipfel.**

**Immer wieder!**

Auf den Gipfel!

MAGRET  FRANK  NIKE  FRIEDRICH

## DIE ZWEITE PRÜFUNG, DIE SICH AUSZAHLT:
## HEILIGE STÄTTE
## 4920 m

Niemand spricht. Keine Menschenseele hier. In dem Nichts gibt es eine Ruhe, da hört man seine Gedanken so laut, als ob alle anderen mithören. Jeder soll hören, was ich mir denke, sage ich mir immer. Soll es die Welt wissen, was für eine Hure ich zur Mutter habe. Sie erpresst mich. Sie mag mich nur, wenn ich es ihr recht mache. Sie lässt mir keinen Raum zum Atmen. Ich will wieder in mein Internat. Ich will mich volllaufen lassen. Es war mein Traum. Ich habe gewusst, dass wir uns treffen, da hat sie noch keinen Gedanken an ihn verloren. Dann habe ich ihr von meinem Traum erzählt. Dieser Fehler hat mich erwachsen gemacht. Ich bin nicht mehr ihre Tochter. Da hilft ihr auch kein Chirurg. Wir sind jetzt Konkurrentinnen! Wir sind im Wettbewerb. Wir befinden uns im Kampf. Ich nehme mir Friedrich. Was hat sie mir nicht schon alles genommen. Was weiß ich. Ich kann den Baum vor lauter Wald nicht mehr sehen. Sobald wir im Basiscamp angekommen sind, schlüpfe ich in Friedrichs Zelt und er wird denken, ich bin sie. Ich mache mit meinem Friedrich das dumme An-Und-Aus-Kleidungsspiel. Das gefällt ihm. Ich werde es treiben wie Magret... Nein! Stopp! Ich hole ihn mir für immer. Er soll sein Leben lang mir gehören. Ich werde es machen wie er. Ich als Friedrich! Ich werde in ihr Zelt schlüpfen und ihr von hinten den Kopf verdrehen. Später gebe ich ihm das Alibi, dass er bei mir gewesen ist. So muss mein Friedrich bei mir bleiben. Er hat keine Wahl. Es gibt keine Beweise. Ach, nur Papa. Papperlapapp. Papa wird's verkraften. Er hätte es selber tun können. Selbst Schuld!

*Totenstille. Als würde die letzte Stunde schlagen. Ich hänge fest zwischen Gipfel und Abgrund. Tochter und Ehemann schnaufen vor Anstrengung schon jetzt auf 4920 Metern. Wir sind in Verzug, wir haben nur eine Nacht zur Erholung im Basiscamp. Dort bleiben mir maximal drei Stunden. Unser Arzt hat ihn gewarnt, auf dieser Höhe würde ein Orgasmus für sein Herz zur Gefahr. Jemand müsste Frank nur ein wenig unterstützen. Nein! Kein weiteres Mal! Niemals! Man wird es ihm anders besorgen müssen. Ich habe mir das angeschaut Schritt für Schritt. Tag für Tag habe ich fast meine Zukunft geopfert, um die eine zu hegen, den anderen zu pflegen. Nun schlage ich sie mit einer Klappe. Genauso! Ich verkleide mich als Nike! Als Nike mache ich Frank den Gar aus und friere ihn ein unter dem ewigen Eis. Was habe ich Qualen erlitten, habe mich durchgesetzt an der Universität, habe in ausgezeichneter Zeit meine Dissertation geschrieben, nebenbei ein Kind geboren, meinen MBA absolviert, mir ist der Sprung in die Praxis gelungen, habe nicht lange herumgeredet und mich im Theoretischen verloren, jede gläserne Wand durchbrochen, diesen Männern gezeigt, wie eine Frau ein Unternehmen führt. Jetzt werde ich eine neue Familie gründen, die ich verdient habe und die frei ist von Blut und anderen natürlichen Bindungen, die wir Menschen einmal erfunden haben und überwinden werden auf dem Weg zur Freiheit – eine Patchwork-Familie. Dafür muss Frank auf seine letzte Weltreise gehen. Er soll ewig diese kargen Berge beseelen, sein Geist wird nirgendwo still halten, nirgends mehr sesshaft sein und nirgends glücklich. Friedrich aber wird sich beweisen können, ob er es mit mir bis auf den Gipfel schafft. Das Risiko gehe ich ein. Das wird seine Prüfung. Dort beginnt unser neues Leben.*

*Schlimmer hätte es nicht laufen können.*

**Besser hätte es nicht kommen können.**

*Ich habe keine andere Wahl. So grotesk sich das anhört, ich muss mich als Magret ausgeben. Ich darf nichts unterlassen, die Sache zu retten. Ich als Mann muss jetzt die Führung übernehmen, wie altmodisch es auch sein mag. Natürlich muss ich mir Vorwürfe gefallen lassen. Vielleicht habe ich ihr zu viel der Last übertragen. Ich glaubte wohl, es wäre die Zeit gekommen, in der sich der Mann zurücklehnen könnte und seine Schwächen zulassen. Einmal sich verwöhnen lassen... Noch nicht! Schau dir Magret an. Sie sieht ganz verbittert aus vor lauter Verantwortung. Die Verbitterung hat sich bereits in ihr faltiges Gesicht eingefressen. Ihre Schönheit ist in Nike übergegangen, die noch gar nicht weiß, wie sie damit umgehen soll. Dieses bezaubernde Mädchen, wie ihre Mutter, als ich sie kennengelernt habe vor dreißig Jahren. Mein Leben zieht an mir vorbei und ich sehe auch, dass ich es besser gestalten werde. Ich weiß, dass es so etwas wie eine gelungene Familie geben kann. Das ist wohl der tiefere Sinn dieser Unternehmung: Familie. Was habe ich wegen dir gelitten. Selbstverständlich hätte ich lieber ein anderes Leben gehabt. Jeden Morgen in diesen grauen Anzug steigen und Freund sein von Männern in grauen Anzügen und das einziges Abenteuer, das man sich in seinem grauen Leben zugesteht, sind die zwei Wochen Urlaub, in denen man auf irgendeinem scheiß Berg oder auf irgendeinem stumpfen Meer sich fast umbringt vor Sehnsucht, dass alles einmal anders wird, bevor... Mit meinen vielen Träumereien bin ich diesem Unternehmen treu geblieben und habe immer mehr die Erniedrigungen ertragen, je weniger ich leisten konnte. Dafür will ich meinen Lohn. Das Erarbeitete lass ich mir nicht zerstören von einem, der in seinem Leben nichts mit sich anzufangen wusste und seinen Launen nachgestiegen ist. Dem werde ich einen Abschiedsbrief schreiben. Dem unsäglichen Individuum sieht man seinen Selbstmord schon aus der Ferne an. Ich werde diesem Terroristen seine erste und letzte Nacht mit Magret besorgen. Ich muss Magret nur zuvorkommen, sobald wir im Basiscamp angelangt sind!*

Es muss verwirrend werden. Ich verkleide mich als Vater und töte die Tochter. Er wird vom Gesetz bestraft und sie steht da ohne Liebhaber, Ehemann, Kind und Karriere. Diese Frau von Heute, sie hat die gleiche Strafe verdient wie der Mann von Gestern. Wir müssen hart sein zu der Welt. Sie lässt uns nicht in Frieden leben, wie es uns gefällt. Sie bestraft uns, wenn wir unser Leben nicht in ihrem Sinne führen. Sie tötet. Jetzt schlagen wir zurück. Wir nehmen uns die Generation vor, die nach ihren schrecklichen Eltern schlägt und unverbesserlich ist. Auch mit ihr ist eine bessere Welt nicht zu machen. Zugleich ist es meine angekündigte Rache für all das, was ich selbst erleben musste, für das strukturelle Leid, das alles übersteigt. Wir werden ein Exempel statuieren. Diese Familie ist das Paradebeispiel eines Zynismus, der die Welt zerstört, sie sind die kleingeistigen Funktionäre, die Mitläufer und Profiteure dieses gesamten Systems. Schlimmer hätte man sie sich nicht ausdenken können. Sie haben ihr menschliches Antlitz verkauft. Sie kennen keine Zuneigung mehr, keine Liebe oder Warmherzigkeit, keine Gabe ohne Forderung, keine Sittlichkeit. Sie sind die Speerspitze eines verkommenen Ganzen, das das Falsche ist. Es sind wandelnde Untote. Ich bin ihr Jäger. Sie kommen hier zu ihrem Ende. Den Mord lasse ich aussehen wie eine Affekthandlung im Familienstreit. Keine Zeugen. Niemand wird bestreiten, dass diese Familie nicht dazu fähig ist, wovon ich nur die ausführende Hand bin. Sobald wir im Basiscamp angelangt sind, werde ich zum Familienvater!

ZWISCHEN DER PRÜFUNG:
DEUTSCHE BOTSCHAFT IN KATHMANDU
1356 m

Gleich geht es weiter! Lassen Sie uns eine Zwischenbilanz ziehen: in den Umfragen liegt unsere Favoritin vorne. Sie hat das Basislager erreicht, ihre erste Prüfung hat sie bestanden. Wie sagt der Nepalese? Namasté! Nutzen Sie die Zeit zur Regeneration, atmen Sie tief durch, lassen Sie sich etwas aus dem Buch der tibetanischen Küche darreichen, schießen Sie Fotos vom Prospekt und genießen Sie den Augenblick. Gönnen Sie sich die Freude über das Erreichte. Fühlen Sie sich frei. Die Entspannungsphase im Basislager spendet Ihnen die notwendige Kraft für die letzten Meter. Lassen Sie sich nicht beeindrucken von der steilen Wand, sondern üben Sie sich in Respekt. Konzentrieren Sie sich. Fokussieren Sie den Gipfel. Wiederholen Sie immerzu die Übungen der Meditation. Gehen Sie positiv mit dem um, was erreicht ist. Nutzen Sie alle Mittel. Wir sehen uns oben! Enttäuschen Sie uns nicht, nicht Ihren Traum, nicht die revolutionäre Zukunft einer Welt, in der wir unsere Energien nachhaltig und vernünftig gewinnen. Jeder Bürgerin und jedem Bürger wird die neue Energie, die Afrika mit Europa verbindet, zur freien Verfügung stehen. Denken Sie daran, welche Kräfte diese kommende energetische Revolution frei setzen wird. Wenn Sie oben angelangt sind, werde Sie alle anderen der Freiheit ein Stück näher gebracht haben. Sie werden helfen, uns dem persönlichen Glück näher zu bringen, das Leiden zu minimieren zum Maximieren der Freude, zum Wohlstand, zum Wohlergehen und langen Leben. Lassen Sie uns gemeinsam die Sonne in das Leben aller holen. Errichten wir die alternative Welt! Namasté!

# DAS GANZE LEBEN IST EINE PRÜFUNG:
## 1. TEST, BASISLAGER
## 5380 m

*Friedrich?*

Bist du es?

*Friedrich! Ich bin es...*

...Magret.

*Lass mich zu dir gekrochen kommen.*

Ich muss mich erst zurechtmachen.

*Für mich doch nicht!*

Ich brauch noch eine Sekunde.

*Hier draußen ist es so kalt und unwirklich und karg und verlassen.*

Du hast Angst, dich entdeckt jemand. Vielleicht Nike? Sie hab ich auch in mein Herz geschlossen, und du willst ihr zuvorkommen.

*Sie ist ein Kind.*

Du bist verheiratet.

*Frank weiß, dass du keine Konkurrenz für ihn bist.*

Dein Mann weiß, dass wir alle immer Konkurrenten sind.

*Dir fehlt es schlicht an Ambitionen.*

FRANK

NIKE

Du bist meine Ambition.

*Deine Ambitionen müssten über mich hinausgehen. Sie müssen alles haben wollen, alles erreichen, alles regieren. Darunter machen wir es nicht.*

Wenn dein Mann dich entdeckt, wie du hier um mein Zelt schleichst als läufige Hündin, wird er direkt umkehren. Dann wird auch aus deinen Ambitionen nichts, Magret.

*Eher wird er dich in den tiefen Spalt springen lassen.*

Eher tappt Frank in meine Falle.

*Jetzt werden meine Ambitionen immer dringender.*

Du hast es ganz schön nötig.

*Um authentisch zu sein...*

Ja?

*...ich sehne mich nach einem echten Mann, der mich von den Jahren des Ekels und der Enthaltsamkeit erlöst.*

Habt ihr keinen Sex?

*Wir haben alle Lust in unseren Ehrgeiz transformiert.*

Ehrlich? Nicht ein Mal pro Jahr?

*Um authentisch zu sein... ich bin schon ganz ausgetrocknet.*

Frank ist doch ein geschäftstüchtiger Mann, der es zu etwas gebracht hat.

*Seitdem sein Herz nicht mehr von selbst läuft, ist mein Mann ein echter Schlappschwanz.*

Dafür soll ich für eine Nacht herhalten?

*Unbedingt!*

Ich fühle mich so ausgenutzt. Ich habe es mir anders überlegt, ich entscheide mich für Nike.

*Nein!*

Vielleicht.

*Lass mich rein!*

Gleich.

FRANK

NIKE

*Sofort.*

Noch eine Sekunde!

*Jetzt!*

Mama...!

*So alt bin ich nun auch wieder nicht.*

Stimmt. Wir könnten Geschwister sein.

*Jeder könnte jemand anderes sein.*

Ich du und er sie.

*Alles ist möglich.*

Wir Mann und Frau.

*Du Frau und ich Mann.*

Mach es nicht komplizierter, als es ist.

*Gefalle ich dir?*

Echt gelungenes Design!

*Friedrich, sei nicht so oberflächlich.*

Überhaupt nicht... Für mich ist das eine Frage der Gesamtinszenierung. Wie sieht es darunter aus?

*Wir lassen es, wenn du mich nicht authentisch begehrst.*

Du bist die fesselndste Mutter, auf die ich je gestoßen bin.

*Für dich will ich Frank und Nike auf der Stelle verlassen.*

Du würdest für mich eine andere Rolle spielen?

*Ich würde alles und jeden nachahmen, wenn es mich voranbringt.*

Du bist eine ganz miese Schauspielerin.

*Aber nein, mein Lieber, Identität ist heute flexibel gestaltbar.*

Die persönlichen Eigenschaften sind heutzutage völlig dem Willen zum Erfolg unterworfen. Seine Identität zu wechseln ist da Ausdruck der allgemeinen Verlogenheit.

*Im Grunde ist jede Identität ein Versuch. Denn alle deine Eigenschaften entstehen erst auf dem Markt. Hier wählst du*

FRANK

NIKE

*eine Position und erkennst im Anschluss, ob sie funktioniert
oder nicht.*

Ich bin Friedrich, und wenn sich die ganze Welt designt und dem Kapital anbiedert, ich designe mich nicht, ich bekenne mich zu einer politischen Position. Da ist mir der Markt egal.

*Ich bin Magret und ich finde dein Design, das sich über ein Bekenntnis ausdrückt, aller Rede wert. Aber besonders erfolgversprechend ist es nicht, soweit ich das beurteilen kann als erfolgreiche Geschäftsfrau.*

Dich zu überzeugen, ist mir zumindest gelungen.

*Leider nicht.*

Ich erinnere dich, du bist bis in mein Zelt gestiegen.

*Ich bin hierher gekommen, um dich zu verabschieden.*

Du bist hierher gekommen, um dich auszuziehen.

*Hier oben ist es schweinekalt. Außerdem gefalle ich mir in meinen Kleidern sehr gut.*

In dem Moment, in dem du dich ausziehst, würdest du dich bekennen. Eigentlich wünschst du dir nichts sehnlicher, als dich vor mir nackt zu machen und dich zu zeigen, wie du wirklich bist. Dein Leben, in dem du dich eingerichtet hast, widert dich in Wahrheit an, dein Partner, dein Kind, deine Pflichten, dein Erfolg. Du möchtest doch am liebsten aus all dem aussteigen und ganz du selbst sein, möchtest einmal ein anderes Leben führen, vielleicht meines. Ganz bestimmt eines in Freiheit, in der die Wahrheit zählt.

*Du hast dich in deiner Idee von Freiheit und Wahrheit verrannt und kommst jetzt nicht mehr raus. Dann hast du mich gesehen und dir gedacht, dass ich dein Sprungbrett bin zurück in die Welt, sprich auf den Markt, wo andere sich für dich interessieren könnten, und du nicht einsam bist, verlassen und so gut wie tot.*

Du wärst gerne einmal bei der Wahrheit und nicht nur ein flatterhaftes Zeichen, das letztlich von außen gemacht wurde und morgen wieder ein anderes Zeichen sein wird, sobald du feststellen musst, dass du nicht mehr funktionierst.

*Deine Wahrheit gibt es nicht. Es gibt aber eine gelungene Inszenierung, und die zeigt sich mit ihrem Erfolg. Nur was erfolgreich ist, wird sichtbar und als existent erkannt. Was aber erfolglos bleibt, geht unter und wird von der Geschichte der Erfolgreichen verschüttet. Es kennt einfach kein Mensch.*

Ich weiß, dass das Bekenntnis, die Liebe und die Wahrheit mächtiger sind als alles andere.

*Das sind alles Einstellungen, die sich nicht korrigieren lassen. Nur eine Strategie, die probiert und variiert werden kann, lässt sich überhaupt durchsetzen. Auf dem Markt, der selbst stets in Bewegung ist, lässt dich eine gute Strategie sogar zur Marke werden. Erst als Marke erfährst du deine einzigartige Identität, nach der du dich so sehr sehnst. Mein Lieber.*

Meine Liebe. Unsere Welt kann eine andere sein.

*Das lässt auch der Markt dich denken.*

Dieses Gerede hören wir unentwegt. Doch zuletzt zählt die Tat.

*Ich bin es leid, von Männern immerzu zum Objekt degradiert zu werden.*

Welch ein zartes Genick!

*Welch ein zarter Nacken!*

Ich kenne da einen Trick.

*Ich werde mir dich packen.*

Du hast dich reizend angezogen, damit dich jemand auszieht.

*Zuerst lass uns schauen, wie viel Mann in dir steckt.*

Finger weg!

*Hast du kein Geschlecht?*

Warum hast du ein Gemächt?

*Ich trau' meinen Händen nicht!*

FRANK

NIKE

Ich trau' meinen Augen nicht!

*Nike!*

Papa!

*Was machst du hier drunter?*

Was machst du auf mir drauf?

*Das hat dich nicht zu interessieren.*

Das interessiert mich jetzt aber trotzdem.

*Du verrätst mir augenblicklich, mit welchem Hintergedanken
du dich hierher begeben hast?*

Ich bin hier mit gar keinem Hintergedanken her gekommen.

*Aber du verkleidest dich wie ein Terrorist?*

Ich wollte mich von Mama verabschieden.

*Soweit kommt es noch, dass meine Tochter auf diese Abwege gerät.*

Seit wann bist du schwul?

*Ich bin doch nicht schwul.*

Warum hast du Mamas Kleider an?

*Ich wollte Friedrich töten.*

Da bin ich beruhigt.

*Zieh das sofort aus!*

Du zuerst.

*Aber dann du.*

Nein, ich zuerst.

*Wie deine Mutter.*

Aber dreißig Jahre jünger.

*Mädchen!*

Ja?

*Nike...*

**Frank.**

*Nike!*

**Papa!**

*Ja.*

**Ja!**

# DAS GANZE LEBEN IST EINE PRÜFUNG: 2. TEST, BASISLAGER 5380 m

Ein Traum geht in Erfüllung.

*Sieh sie dir an, die hübsche, süße, kleine Nike! Tochter und fast Frau.*

Was treibst du hier?

*Nike, wie erwachsen du geworden bist. Ist es die Bergluft, die deine Hormone so heftig angeregt?*

Ich bin so jung, wie ich mich fühle.

*Du gleichst zunehmend deiner Mutter...*

Das hört eine Frau gerne.

*...rein äußerlich natürlich dreißig Jahre jünger. Hast du gesehen, wie die Mama diesem Friedrich immerzu da vorne, da unten hinschaut? Auf seine große Pistole?*

Während du hier dummes Zeug redest, macht er sich wahrscheinlich an sie ran.

*Als Tochter spürst du doch, wie die eigene Mutter schwächelt.*

Ich spüre so einiges als Tochter. Sie widert dich an.

*Sie ist eine Karrieristin, würde Friedrich sagen.*

Ohne moralische Bedenken und Gewissen, würde Friedrich sagen. Aber eine reife Frau, für die es sich zu kämpfen lohnt.

FRIEDRICH

MAGRET

*Sie würde alles tun, um nach oben zu kommen, hat er gesagt.*

Hat er nicht gesagt.

*Hat er sich aber gedacht.*

Im Kampf steht jeder für sich.

*Vielleicht gibt es eine Sache, für die auch andere kämpfen und die alle zusammenschweißt zu einer Gemeinschaft? Zum Beispiel in einem großen Konzern.*

Ja, jeder zu seinem eigenen Vorteil.

*Nicht nur zu seinem eigenen Vorteil, Nike. Auch zum Vorteil seiner Partnerin, seines Kindes und aller zu guter Letzt.*

So ein Quatsch, dort ist jeder nur sich selbst der nächste.

*Du kannst nicht leugnen, dass ein Kind vom Humankapital der Eltern profitiert.*

Aber es hat die unerträgliche Verpflichtung, diesen Vorzügen gerecht zu werden. Durch psychologische Strategien wird dem Kind der eigene Weg verwehrt. Es muss sich erst mit aller Gewalt losreißen.

*Sicherlich. Ab einem bestimmten Alter ist jeder seines Glückes Schmied.*

Wir wären eigentlich soziale Wesen.

*Man muss egoistisch handeln, um sozial zu sein.*

Wir müssen neue Wege gehen, um wieder ein soziales Wesen zu werden.

*Im großen Ganzen führt es zum gleichen Ziel.*

Die zwei Wege führen diametral auseinander. Du und Mama, ihr seid Sophisten! Ihr dreht es euch hin, wie es euch nützt.

*Das hat Friedrich gesagt.*

Ich verlasse euch! Ich gehe auf Reisen! Ich schreibe meinen eigenen Reiseblog. Ich werde Schriftstellerin.

*Wie erwachsen du eigentlich bist.*

Trinken wir gemeinsam auf den Abschied.

*Genauso war auch ich in meiner Jugend. Dieses Interesse am Fremden und an der Welt. Der Mut zur Wahrheit. All das…*

FRIEDRICH

MAGRET

Den Schnaps habe ich aus dem Internat mitgebracht.

*Du kleines Miststück.*

Auf unser Wohl!

*Prost! Spaß beiseite, ich trinke nicht.*

Alleine macht es keinen Spaß, sage ich immer.

*Nur weil du es bist, Nike.*

Auf deine Gesundheit!

*Du trinkst nicht?*

Ich kann tun und lassen, was ich will.

*Wenn du jetzt gehst, wirst du deine Eltern zur Verzweiflung treiben. Auch wirst du dich unnötig Gefahren aussetzen.*

Du wünschst dir, dass ich eine einzige Wiederholung bin, dass ich dein Leben bestätige, dass ich zur Stabilität deiner Ideologie diene.

*Spinn nicht herum!*

Für dich ist der Mensch immer nur ein Unternehmen, das sich und seine Begabungen als Produkt anbietet.

*Zumindest gibt es Unternehmen, deren Strategie misslingt, weil sie auf das falsche Produkt gesetzt haben und keine Energie aufbringen für eine weitere Innovation. Solche Unternehmen nehmen sich einen Insolvenzverwalter. Sie schließen sich selbst. Sie verschwinden von der Landkarte. Sie gehen Konkurs. Sie erleiden Schiffbruch. Sie wickeln sich ab. Sie rationalisieren sich weg.*

Es geht dir nur darum, meine eigentlichen Bedürfnisse zu unterdrücken.

*Es geht darum, dass die Wenigen an der Macht bleiben.*

Ich soll mein eigentliches Ziel aus den Augen verlieren.

*Die Gesellschaft soll rational gestaltet werden.*

Es geht dir darum, dass ich mich gegen meine Gefühle entscheide.

*Nike, ich bewundere eigentlich deine Haltung. Es ging mir nur darum, dich zu testen.*

Du würdest deine Tochter sich selbst überlassen?

*Ich versuche, die Kontrolle zu bewahren.*

Du wirkst wahrhaftig etwas steif. Nimm noch einen Schluck!

*Wenn du unter meine Fassade schauen würdest, könntest du sehen, was sich da alles angestaut hat.*

In Nepal gibt es den Brauch, dass trinkt, was scheidet.

*Warte! Nike! Du bist zu jung und doch so klug. Bei dir überkommt mich das Gefühl, bisher nie wahrhaftig geliebt zu haben. Weißt du, bei meiner Frau hatte ich mir die Frage einfach nicht gestellt. Diese ungekünstelten Empfindungen waren mir in unseren Schützengräben verlustig gegangen. Ich hatte mich in die Gräben verkrochen, um nicht erledigt zu werden von der Gewalt, die uns die Erwachsenen jeden Tag antun. Da hat sich was verkrampft, als ich mit den großen, weltpolitischen Gefahren beschäftigt war. Im Kampf war die Unbeschwertheit weg. Ich hatte ganz vergessen, dass es auch diese unsinnige Liebe geben darf. Nike! Jetzt will ich aufrichtig zu dir sein. Du gefällst mir viel besser als deine Mutter.*

Verschwinde oder ich erschlage dich!

*Ich muss mich ausziehen.*

Du bist das Widerwärtigste.

*Du hast ein falsches Bild von mir. Ich bin es!*

Friedrich! Du bist es...

*Gemeinsam entdecken wir die Welt!*

Das hat schon einmal ein Mann zu mir gesagt.

*Ich bin kein Internatsschüler.*

Irgendwie wäre es mir lieber, wir hätten uns über eine Partnervermittlung kennengelernt. Dann wüsste ich, woran ich bei dir bin.

*Ich offenbare mich.*

Erst kommst du hinterlistig als mein Vater daher. Das war total eklig. Jetzt weiß ich nicht, was noch hinter deiner Fassade steckt. Vielleicht meine Mutter?

*Das ist hier kein Scherz!*

Ich würde mich besser fühlen, wenn ich vorher weiß, dass wir zusammen passen. Du glaubst ja gar nicht, wie enttäuscht ich sein kann, wenn sich

FRIEDRICH     MAGRET

später herausstellt, dass etwas nicht funktioniert. Ich habe keine Lust, blind in irgendetwas hineinzurennen. Dazu fehlt mir wirklich die Zeit. Ich möchte Schriftstellerin werden.

*Es geht nicht nur um dich. Bei unserer Liebe geht es auch nicht nur um mich. Es geht um die Frage, ob die Liebe an sich noch einen Platz in dieser Welt findet. Die Liebe hat stets ihren Ort im Allgemeinen, aber sie braucht ihr Äquivalent auch im Konkreten. Die Liebe muss ihre Möglichkeit in der Welt haben. Wenn sie im Konkreten möglich wird, kann ich mich bedenkenlos für das Allgemeine opfern.*

Dein Gerede ist mir zu kompliziert. Entweder es funkt am Anfang oder es funkt gar nicht.

*Du hast mich in deinen Träumen kommen sehen.*

Ich habe dich verwechselt.

*Ich habe es dir nicht leicht gemacht.*

Meine Liebe sollte mich entführen und meinen Eltern die Kehle aufschlitzen.

*Für die Politik war ich bereit, andere zu opfern. Für die Liebe aber opfere ich nur mich.*

Wir reden aneinander vorbei. In dieser Welt kommen zwei Menschen nur weiter, die sich verstehen.

*Zwei Menschen, die sich verstehen, können dieser Welt widerstehen.*

Die Liebe ist dazu da, sich in der Welt einzurichten.

*Die Liebe ist dazu da, eine neue Welt entstehen zu lassen.*

Die Liebe ist dazu da, den Zufall zu minimieren.

*Für die Liebe gehen wir jedes Risiko ein.*

In der Liebe ist mir das Risiko zu hoch.

*Sie fällt, wohin sie will.*

Sie vergeht, wann sie will.

*Nein.*

Leider ja, Friedrich.

–

FRIEDRICH  MAGRET

**DURCHGEFALLEN:**
**TIEFE SCHLUCHT**
$g = 9{,}78 \ m/s^2$

Ich habe gehadert mit den Umständen. Jetzt lasse ich mich gehen. Mit 250 Meter pro Sekunde fällt mein Körper dem Meeresspiegel entgegen, den tiefen Spalt nach unten. Vielleicht bleiben mir noch drei Sekunden. Zwei. Eins. Während mein Dasein dahinfliegt, berichte ich, was es bedeutet, aus der Geschichte ausgestoßen zu werden und dort zu landen, wo das Nicht-Sein waltet und keine Stimme her tönt in das Innere der Lebenden. Ich will im Angesicht dessen, was sich hier abspielt, meine letzte Stimme nutzen, um dem Sterben eine Bedeutung zu geben. Das Reich zwischen Leben und Tod, das Nicht-Sein außerhalb der Geschichte ist der Ort der Glücklosen, Gescheiterten und Verstoßenen. Ausgeliefertsein, Angst, Leiden, Weinen – alles große Worte. Alle ohne Wirkung. Sehen Sie, genau hier zwischen Wort und Wirkung ist ein Riss in der Welt, der uns trennt. Hier gibt es Menschen, deren Worte aus einer inneren Wirkung ausgesprochen werden – und dort hört das Publikum diese Worte, als bedeuten sie ihm nichts. Das Publikum geht nach Hause und klettert morgen brav weiter. Das Publikum kann sogar selbst behaupten, es sei nicht gut, das Klettern zum ersten Lebensziel zu haben, und doch klettert es morgen brav weiter. Bei Ihnen bleiben noch die eigenen Worte ohne eine Wirkung. Sehen Sie, genau hier, zwischen mir und Ihnen, ist der Riss in der Welt, der uns trennt. Mir verbleibt eine halbe Sekunde: Es gibt gegenwärtig sogar in manchen Menschen eine Verstörung darüber, dass ein Interesse am Ganzen unwesentlich ist für den Fortgang der Widersprüche. Letztlich sind auch hier zwei Welten ohne Vermittlung. Einerseits das endlose Leben als Auseinandersetzung und andererseits jene Einzelnen, die aus dem ständigen Kampf herausgetreten sind, isoliert in ihrem Kummer oder in einem einsamen Schweigen. Es ist keine Frage, zu welcher Welt ich gehört habe. Ich habe stets gekämpft und in meinem Kampf noch als Rechtfertigung für den Erhalt des Gegebenen gedient. Vielleicht hätte auch mein Schweigen das Gegebene gerechtfertigt. Selbstverständlich. Jetzt aber, erst jetzt erkenne ich den dritten Weg. Keine Anklage mehr, keine Stille

# ENDPRÜFUNG:
# STEILE WAND
# 8504 m

*Wer hat diesen Terroristen gesehen?*

*Als Familienvater bin ich froh, dass er verschwunden ist.*

Lasst uns nicht über das Vergangene sprechen.

*Wir konzentrieren uns auf die Gegenwart.*

*Ich konzentriere mich auf das Sprechen Schritt für Schritt.*

Ich spreche und gehe noch effizienter.

*Jeder geht und spricht nach seinem eigenen Rhythmus.*

**Ich habe bereits 8500 Höhenmeter überbrückt.**

*Mein Puls liegt bei 140.*

Ich verbrenne in der Minute 5,8 Gramm Fett.

**Bis wir oben sind, habe ich 2,5 Kilo Körpergewicht verloren.**

Ich werde Abdrücke von der Schneebrille haben.

**Dann bin ich auf Idealgewicht.**

Das wird nach Urlaub aussehen, wenn ich wieder im Internat bin.

*Ich muss besser einen Fuß vor den anderen setzen.*

**Ich muss besser meinen Blick nach oben richten.**

Ich muss besser kämpfen gegen meine Schwächen.

*Ich muss mehr trainieren.*

**Ich muss härter werden.**

*Ich werde unnachgiebiger gegenüber der Welt.*

**Ich steigere meinen Glauben an das Erreichen des Ziels.**

 MAGRET    FRANK   NIKE

Ich kann noch effizienter gehen und sprechen, sage ich immer.

**Ich steigere die Wahrscheinlichkeit des Siegs.**

*Ich muss lockerer werden.*

**Wir müssen gelassener sein.**

Wir müssen den anderen besser verstehen.

*Wir müssen besser auf den anderen eingehen können.*

**Wir dürfen nicht so verkrampft nach oben wollen.**

Meine Schritte werden schon viel leichter.

**Wir müssen nicht immer kämpfen.**

*Wir sollen unsere Gefühle zulassen.*

Ich fühle, wie ich an dem Aufstieg gewachsen bin.

**Ich fühle mich wieder wie in ihrem Alter.**

*Ich fühle mich durchtrainiert.*

**Wir müssen uns Phasen der Entspannung zugestehen.**

Ich erreiche meine Ziele mit Links.

**Wir müssen uns zugestehen, dass kein Mensch perfekt ist.**

*Ich fühle Freude, dass es uns gemeinsam gelingt.*

**Wir ziehen uns gemeinsam hoch.**

Ich profitiere auch von euch.

*Wir sind ein Team.*

**Das Leben ist Sport.**

*Die Welt ist ein Sportplatz.*

Man muss mit Respekt gewinnen.

*Die Verlierer müssen mit Respekt den Gewinner anerkennen.*

**Wir müssen uns als Sieger auch selber anerkennen können.**

*Wir müssen aus der Defizitlogik hinaus.*

**Wir dürfen uns nicht schlecht fühlen mit unseren Errungen-
schaften.**

Man muss Nein sagen zum Ressentiment.

**Man muss die Welt genießen.**

*Man muss sich gut fühlen beim Genießen.*

Wir müssen den Neid der anderen besiegen.

**Dein Vater muss noch seine Missgunst besiegen.**

*Deine Mutter muss noch ihre Ängste besiegen.*

**Dein Vater muss noch seinen Stolz bezwingen.**

*Deine Mutter muss noch ihre Selbstüberschätzung überwinden.*

Erste!

*Erster!*

**Dank euch!**

# EPILOG:
# DER GIPFEL / THE SUMMIT
# 8848 m

Unsere Welt ist eine der großen Geschichten. Es ist eine Welt von Abstiegen und Aufstiegen. Manche noch halten das gelingende Leben für kitschig, manch einer sogar bleibt dem Alles-Geht-Wahn verfallen. Aber unsere Kritiker sind vor allem neidisch und die Verlierer sind zahlreich. Unsere Favoritin hat den Gipfel erreicht! Alle lieben ihre Familie, Magret... Nike... und Frank! Zur Belohnung bekommt ihr all das, was ihr euch wünscht!

Hier oben ist es traumhaft schön. Jeder Mensch sollte einmal die Welt von dieser Stelle aus sehen. Das würde sein Leben verändern. Die Kleinlichkeiten seines begrenzten Lebens wären ihm egal. Er wäre glücklich für alle Zeiten.

*Diese Aussichten haben wir uns verdient. Wir haben Blut und Wasser ausgeschwitzt. Wir haben uns zusammengerauft. Wir haben uns erinnert an das, was sich auszahlt. Ich bin stolz auf meine Frau.*

*Das Leben ist uns eine einzige Prüfung. Mir fehlen die Worte. Es war eine Einweihung. Hier wurde mir die Fähigkeit zugesprochen zum intuitiven Sehen und zur geistigen Führung. Der Glanz meiner Erscheinung soll von nun an allen dienen. Das ist mir aufgetragen. Namasté!*

Verheißungsvolle Zukunft! So fern und doch so nah. Auch morgen wollen wir wieder gemeinsam kämpfen um die Energien dieses Landes. Wir wollen jedem eine spannende Perspektive eröffnen. Diese Familie hat sich in unseren Dienst gestellt und wir stellen uns jetzt in ihren. Sie hat sich legitimiert. Wir gratulieren nochmals zum Sieg! Auch Sie, wertes Publikum dieser Gesellschaft, dürfen sich nachträglich legitimieren. Denn auch Ihre Stimme zählt. Sie sollen mitentschieden haben, dass unsere Führungsposition mit einer Favoritin besetzt wurde, die uns als Beispiel vorausläuft. Sie haben sogleich die demokratische Wahl. Es ist Ihre Entscheidung. Das ist Ihre gemeinsame Stimme. Klatschen Sie jetzt!

MAGRET   FRANK   NIKE   STAAT

MESSE

Der Dialog
– etwas Geschriebenes und Gesprochenes –
gehört nicht eigentlich zur Bühne,
er gehört ins Buch.

ANTONIN ARTAUD


Das Glück ist eine neue Idee in Europa.

SAINT-JUST

# CHRONOLOGISCH

**PRIVATJET** bietet einen herrschaftlichen Ausblick auf eine neue Welt.

**MESSE** lädt zu einem caritativen Event nach Madagaskar.

**CLUBHOTEL** ist in Madagaskar das einzige Hotel der Fünf-Sterne-Kategorie.

**GESUNDENHAUS** befindet sich im Rohbau.

# ALPHABETISCH

**ANDRY N. RAJOELINA** Autokrat. Er tritt als Interimspräsident von Madagaskar auf.

**BETTINA** Kulturmanagerin. Sie vertritt den Hersteller von Präservativen „Billy Boy" und das Bundesministerium für wirtschaftliche Zusammenarbeit und Entwicklung.

**Bill** Deutscher Popstar.

**Chris** *Kommunikationsdesigner und Gründer von „designforlife" in Berlin-Mitte.*

**DIETRICH** *Frauenarzt und nichtehelicher Vater des deutschen Popstars Bill.*

**EVA-MARIA** Animateurin, die von der staatlichen Job-Agentur an das madagassische Clubhotel vermittelt wurde und volljährig ist.

**INGA** Yogalehrerin, die für zwei Szenen von den Toten aufersteht.

**KOMMENDER DIKTATOR** Der auf den gegenwärtigen Diktator nachfolgende.

RAJOELINA  BETTINA  BILL  CHRIS  DIETRICH  EVA-MARIA  INGA

## NOCH KEIN GLÜCK: PROLOG

Wir befinden uns auf dem Flug von Frankfurt-Main (FRA) nach Antananarivo (TNR), Hauptstadt von Madagaskar, mit zwei Zwischenstopps in Dubai und Mauritius. Gegenwärtig liegt unter uns die EU-Außengrenze Türkei. Sogleich lassen wir den Irak zu unserer Rechten liegen und begeben uns in den Landeanflug, bei dem Sie zu Ihrer Linken „The World" sehen könnten, hätte das Kapital nicht eine andere Richtung eingeschlagen. An Bord seines Airbus A340 begrüßt Sie der Interimspräsident von Madagaskar Andry N. Rajoelina. Ganz besonders freuen wir uns über die Anwesenheit der deutschen Entwicklungshilfe, vertreten durch den Präservativhersteller „Billy Boy" und dessen Team. Seit der Demokratisierung des afrikanischen Inselstaates planen die Partner ein Gesundheitsprogramm für die madagassische Bevölkerung, das nun feierlich eröffnet wird. Aus diesem Anlass haben die Protagonisten – der Präsident ausgenommen – im Guest Room Platz genommen.

Zwei Kabinen vor uns schlummert der Prinz.

*Er ist Präsident.*

Bitte. Wenn du etwas zu sagen hast, dann dass es nicht peinlich für mich wird. Am besten wird es sein, wenn du später deine Anwesenheit in Anwesenheit des Prinzen vermeidest.

*Des Präsidenten, immer noch!*

Hier beginnt wieder meine berufliche Laufbahn nach dem erschütternden Eingriff, den du als Mann zu verantworten hattest. Wenn ich daran denke, dass du dich zu alldem Übel auch noch aus der Affäre ziehen wolltest, Christian, dann steigt in mir etwas auf, worüber ich noch nicht das letzte Wort verloren habe.

*Darüber hast du schon so viele Worte verloren, so viele kann man gar nicht wieder auflesen.*

An meiner Seite begleitet mich der Arzt, der mit seinem Eingriff alles ins Reine gebracht hat. Nun schweig und schau dir die Wüste unter dir an, die bereit ist, dich aufzunehmen.

*Ich sitze in diesem Flugzeug, weil es mein Wille war, der uns weiterhin vertraglich bindet. Ich kann nämlich in Madagaskar etwas Sinnvolles helfen, das dem Namen meines Büros gerecht wird: „designforlife"! Liebe Bettina, wenn es dich nicht angeht, so geht es mich umso mehr etwas an, dass eine gute Gestaltung die schlechten Umstände verändern kann. Erstens.*

Was redest du daher? Du bist in diesem Flugzeug, weil ich uns während eines Wimpernschlags an Blindheit vertraglich gebunden habe. Für dieses eine letzte Projekt. Da sei dir sicher.

*Zweitens. Es ist deine Hinwendung zu ihm und deine Abwendung von mir, die ich nicht bereit bin zu begreifen. Ich habe dir bei der Abtreibung beigestanden, während du dalagst vor ihm. Daran wirst du dich wohl noch erinnern. Jedem Beobachter fällt ein Licht darauf, wie sehr meine Toleranz mich als einen besseren Menschen zeichnet als dich. Ich gestehe dir sogar zu, nachdem du unsere Verlobung aufgekündigt hast, eine Auszeit einzulegen bei dem Typen, der als deine Begleitung neben mir sitzt. Das sucht seinesgleichen!*

BETTINA

CHRIS

Mir wäre es recht, wenn du den Prinzen nicht mit deinem Geschrei aufweckst.

*Drittens. Ich sage es dir in aller Deutlichkeit. Einmal wird diesen Zuständen Grenzen gesetzt. Sei es in Madagaskar, wo die Frauen noch ein ungestilltes Bedürfnis haben nach einem Mann von meinem Format.*

Tu, was du willst. Wir werden nie wieder ein Paar.

*Da sei dir gewiss. Wir werden nie wieder ein Paar!*

*Eine hoch problematische Situation, in der ich mich befinde. Aber mit einem Ausweg. Ich habe das Glück, dass mir die bezaubernde Einladung von diesen zarten Lippen just ausgesprochen wurde, als mir meine frauen-ärztlichen Eingriffe zu Unrecht ausgelegt wurden, weil sie aktuell dem öffentlichen Willen widersprechen. Dabei habe ich als Arzt mit außerordentlichem Gewissen stets nur dem Willen der Privatpatientinnen assistiert. Überhaupt ist dieser komplizierte Sachverhalt meiner ärztlichen Liebe zum Lebenden geschuldet, mit der ich mich allzeit in die Patientinnen versteife. Egal. Ich bin ein gebildeter Mann, der sich zu entziehen weiß, wenn es sich kompliziert anbahnt. Außerdem habe ich ein Konzept mit im Gepäck, mit dem der Welt geholfen sein wird. So schaue ich in Seelenruhe der Wüste unter uns zu und vergesse dabei die Turbulenzen, denen jedes einzelne Menschenleben hier oben ausgesetzt ist. Ich mache mich gefasst auf Tage der Sonne und der Liebe und des Strands und auf weitere nette Bekanntschaf-ten. Alles wird gut.*

**Ich musse ihr eine Visitenkarte geben. Nein! Ich spre-chen direkt mit ihr, weil ich sprechen als König meiner Clubs und als Mogul meiner Medien und wie ein Prä-sident, wie ein Zug von großer Geschwindigkeit sein Ziel erreicht. Ich, Andry Nirina Rajoelina, hast Frau und Kinder von anderen Frauen, hast einen Staat, hast eine neue Anlage als Ferienclubhotel, hast ein Ent-wicklungshelfsprojekt. Ich hast gleich zwei Eröffnun-gen: zuerst für Messe, dann für Ferienclubhotel. Das hast ich alles mit deutschen Freunden realisiert und hast eine wunderschöne deutsche Frau in deinem**

RAJOELINA  BETTINA  CHRIS  DIETRICH

Flugzeug. Ich, Andry Nirina Rajoelina, hast Zeit der Welt, wenn Flugzeug erst mal gelandet ist in deinem Land. Denn von dort kommt keiner raus, wenn du es nicht erlauben. Auch nicht schöne Frau, die in deiner Ferienclubhotelanlage schlafen seelenruhig in ihrem Bett und dann schlafen werden später seelenwach in deinem Bett. Vielleicht machen du in Zukunft deutschen Sender, nennst du Leben? oder so und machst du deine deutsche Frau zu Star der Moderation, damit sie macht Karrieresprung von Kulturfrau zu Moderationsfrau, von Angestellte zu Prinzessin. Schau nach unten, Andry, siehst du Wüste. Schau nach oben, siehst du Himmel. Das musst du dir Gleichnis sein – machen du ihr Wüste zu Himmel.

# GLÜCK EINS: ARBEIT MACHT GLÜCKLICH

Geehrte Delegation Deutschland, zu Ihrer Rechten erhalten Sie die Akkreditierung und zu Ihrer Linken sehen Sie die frisch fertiggestellten Hallen der Madagaskar Messe- und Kongress AG. Sie wurden von deutschen Architekten geplant und von deutschen Ingenieuren erbaut. Hier begrüßen wir Sie zur ersten Entwicklungshilfemesse der Dritten Welt „Präventiv Präservativ für alle Afrikaner". Wir danken „Billy Boy" für die Mithilfe und für die Förderung dem Bundesministerium für wirtschaftliche Zusammenarbeit und Entwicklung. Gefallen Ihnen die Damen in Kondomkostüm samt Ausschnitt? Sie regen an und klären auf zugleich! Schön, dass Sie da sind!

Ich bin glücklich. Ich bin ein geiles Präservativ. Ich bin da, damit der Afrikaner nicht in der Überzahl von nicht zu fördernden Afrikanern verelendet. Eigentlich heiße ich Eva-Maria. Ich habe hier die Möglichkeit, als Animateurin greifbare Erfahrungen zu sammeln in der Hotelbranche und auf einer internationalen Messe im Ausland. Ich bin guten Mutes, wie ich so aus meinem bezaubernden Kostüm unschuldig herausschaue, dass einer von diesen beiden Männern zu mir hineindringen wird mit seinen Worten. Ich kann aus der Tiefe meines Körpers berichten, dass es das ein oder andere Wort auch nicht schwer haben wird, in das hinterste meiner Teile reinzurutschen und herauszugleiten. Vielleicht wird die internationale Messe auch im Sinne meines beruflichen Weiterkommens sein. Ich könnte mich in Zukunft von einer geduckten Haltung aus Bodenhöhe emporheben auf Stuhlhöhe. Dann auf Schreibtischhöhe, bis ich aufrecht stehe, um zum Schluss selber zu entscheiden, wo ich mich bette. Vielleicht. Im Moment interessiere ich mich nur für den Strand, die Sonne und das Meer. Ich arbeite hier quasi nebenbei. Gleich werden die großen Reden geschwungen, und ich höre auf keinen Fall zu. Dieses Gerede ist immer das langweiligste von allem. Es wird nur zur Selbstbefriedigung der Redner gehalten. Wenn man ganz genau hinhört, sieht man einen stehenden Schwanz, der spricht und uns erzählt, sein Wort wäre Gesetz. Außerdem kenne ich den Diktator schon zu meinem Leidwesen. Alles, was er sagt, ist gelogen. Vor dem muss man sich in Acht nehmen. Gott sei Dank interessiert er sich nicht mehr für mich. Sobald es losgehen wird, ziehe ich mir mein Kostüm aus, unter dem ich gar nichts anhabe, lasse mich eincremen von einem von diesen zwei Männern und überlege mir, welcher der Richtige für mich ist. Jeder wünscht sich nichts lieber, als mit mir zu kommen.

## GLÜCK ZWISCHENDURCH: DISKURS MACHT GLÜCKLICH

Tonga soa e! Wir begrüßen zur Eröffnungsfeier ganz besonders Frau Bettina Doktor als Vertreterin der Bundesrepublik Deutschland, die in ihrer Keynote Einleitendes zu dem Themenkomplex AIDS, Seuche, Immunsystem, Systemtheorie und Genderpolitik referieren wird. Zu selbigem möchte auch unser ehrenwerter Gastgeber wenige Worte vortragen. Er heißt Sie alle recht herzlich willkommen!

Meine Damen und Herren! Vielen Dank! Ich bin eine Frau.
Wenn es nicht eine Frau weiß, wer soll es sonst wissen,
dass alles Geschlechtliche ein Komplex ist, mit dem Frauen
und Männer schwer zu kämpfen haben – nicht nur in Afrika. Aber ich als Frau bin mir bewusst, dass ich nicht auf
das Geschlechtliche reduziert werden möchte. Das sage
ich als Deutsche, die die afrikanische zu verstehen gewillt
ist. All unsere Probleme machen doch eines deutlich. Wir
entscheiden heute über die morgige Welt, in der wir keine
Grenzen mehr graben zwischen Afrika und Europa, Frau
und Mann, Sklave und Herrscher.

Ich bin auch gegen den Unterschied von Schwarz und Weiß. Ich bin präventiv für alle!

*Afrikaner!*

*Afrikaner für alle!*

*Unter dem Kostüm ist es bestimmt sehr heiß.*

Ich stehe hier meinen Mann und bücke mich als Frau.

*Toll!*

*Das Praktische an so einem Kondom ist, dass man sich keinen
Sonnenbrand einfängt.*

Vor allem an uns Frauen wird die Welt genesen. Deswegen
habe ich mich als Frau – als deutsche wie als afrikanische –
dieser Sache verschrieben. Ich habe einen Auftrag. Der
Auftrag ist eine großartige Messe, weil Afrika ein Kontinent
an Entwicklungen ist und ein Kontingent an Wachstums-
märkten. Darüber hinaus hat diese Messe ihre Notwendig-
keit, weil die Afrikaner von Natur aus willig sind, so dass
unterm Strich zu viele Afrikaner da sein werden. Solche
Bedürfnisse aber möchten wir nicht ändern, sondern vielmehr nutzbar machen. Produktiv präventiv. Nur aus diesem
Grund treiben wir, Bund und „Billy Boy", hier Aufklärung.
Wir machen Aufbauhilfe, und ich als Frau – als deutsche
der Identität wegen und des Herzens wegen als afrikanische – helfe etwas aufzubauen, damit den Afrikanern geholfen ist. Die Sache ist schließlich eine Prävention, die
allen Afrikanern hilft. Vor allem uns Frauen! Denn wenn

es den Frauen hilft, hilft es der Welt! Das Wort gebe ich
jetzt weiter an ihren Präsidenten, dem wir diese Messe zu
verdanken haben, diesem Mann mit einem Antrieb eines
Zuges von großer Geschwindigkeit, wie man hier zu sagen
pflegt. Ihn kennen zu lernen wird mir gleich eine Freude bereiten, auch als Frau in Vertretung Deutschlands und „Billy
Boys". Präsident, Prinz Andry Nirina Rajoelina!

**Danke Deutscheland! Danke Frau! Danke Boy! Danke Madagaskar!
Danke Welt! Ich danken der Offenheit! Das machen Menschen erst
zu Menschen. Vor kurzer Zeit noch alle Blicke auf mich, ich erster
Mann in Staat. Zuerst ich will sagen „Entschuldigung" für mein
Deutsch. Ich lernen. Deutsch für mich sein Sprache von Welt: Go-
ethe, Mann, Träger von Nobelpreis Grass. Dann ich will sagen, ihr
sehen, ich guter Mensch, und wahrer Mensch will euch erzählen
wahr von Anfang, als ich wurde erster Mann in Madagaskar. Alle,
ganze Welt – damals verschlossene Welt, nicht offene – hat gedacht, ich seien Diktator am Anfang. Und ich haben gesehen, wenn
alle denken, ich seien Diktator, ich können auch spielen Diktator.
Aber nein! Ich habe das gedacht vielleicht für eine Sekunde, nur für
eine Sekunde. Dann mein Herz hat zu meinem Verstand gesprochen: Schau, Andry Nirina Rajoelina, schau an deinen eigenen Weg
von deiner ersten Stunde an, du bist auf diese Welt gekommen hier
in Madagaskar ohne Chance. Was habe ich gemacht mit diesem Leben? Habe gegründet eins Festival für Musik und Jugend. Was habe
ich dann gemacht? Zwei habe gegründet erste Atelier für Design
in Madagaskar. Was habe ich dann gemacht? Drei dann habe ich
gefunden Studio für Fernsehsender. Was habe ich dann gemacht?
Vier ich bin Bürgermeister von Hauptstadt in Staat und dann Präsident von dem Staat. Und jetzt sechs, in Zukunft soll großes Glück
entstehen, ein großes Madagaskar, in dem die ganze Welt Platz hat.
Deutscheland ist mir heute Freund in Geiste. Und ich laden ganze
Delegation ein, verbringen mit mir umsonst Urlaub. Alles ganz ent-
spannt. Bitte! Danke!**

## DAS DRITTE GLÜCK: LIEBE MACHT GLÜCKLICH

In der untergehenden Sonne, deren Licht im Meer gespiegelt die madagassische Landschaft in den Nationalfarben erstrahlen lässt, sehen Sie das Clubhotel *****. Für solche Augenblicke wurde es erbaut. Hier begegnen sich Menschen zum professionellen Austausch und hier dürfen die Liebenden noch den Moment ihrer verheißungsvollen Zukunft in angemessenem Luxus genießen. Tonga soa e!

Bettina. Ihre Haar ist deutsches Haar. Blond. Ihr Rede ist Rede der deutschen Frau. Bombastisch. Zu Rede ich will Ihnen viel wünschen viel Glück. Ich haben jetzt sehr starken Eindruck von Ihnen und Druck in mir. Kann verstehen, wie ihr Land ist von Erfolg mit solchen Reden von Frauen an oberster Stelle, an Gipfel, an Spitze. Deutsche Frau hat gesetzt Stein auf Stein in Steinzeit von Deutschland. Jetzt in Zeit von Kommunikation Frau setzt Wort auf Wort. Bettina, nennen du mich Andry ab heute. Nennen du mich deinen Schüler in der Sache Deutsch.

Andry, nichts in der Welt ist von solch einer Schönheit wie die Sprache der nach Prestige trachtenden Dichterfürsten. Es ist auch mein Verlangen, ich – dir – helfen – Deutsch – sprechen – richtig – verstehen – du?

Aber lernen du mich Sprache für meinen afrikanischen Mund, nicht für den Kopf eines deutschen Dichters. Bettina, du jetzt machen Deutsch für mein wildes Herz und für eine glückliche Zukunft.

Andry! Ich glaube auch, dass das Deutsch, wie es heute gesprochen wird, anders gesprochen werden muss, will es für die Zukunft gerüstet sein. Ich werde dir alles lehren. Darüber hinaus sehe ich am Horizont eine kommende Messe, die unsere gemeinsame Sache sein sollte. Es ist eine Messe, wie sie weltweit noch ohnegleichen ist, eine totale Messe, eine Messe zweiter Ordnung. Es ist eine Messe für Messen. Verstehen – du?

Lernen du mir Deutsch auch während der Arbeit zusammen. Das seien perfekt.

Präsens ist exakt. Aber die deutsche Zeitlichkeit an sich ist das Perfekt Futur. Mit dem Perfekt Futur werden wir Deutschen von klein auf erzogen. Denn trotz aller präsenter Exaktheit ist das Deutsche ein Kind der Mutter Sehnsucht, die mit allen dahergelaufenen Phantasien schwanger geht. Sie müssen nur groß genug sein.

Ich hören deine Rede und sehen eine Liebe wie noch nie in meinem ganzen Leben. Du ist brillante Frau.

Falsch.

RAJOELINA BETTINA

149

**Wieso?**

Bist! Und eine Frau, die zu brillieren fähig ist.

**Ich bist begeistert.**

Ich bin eine Kümmerin. Du bist ein Präsident. Dietrich ist
ein Arzt.

*Ich seien Dietrich.*

**Ich verstehen.**

Ich verstehe.

*Verzeiht mir meinen unerwarteten Auftritt in diesem
deplatzierten Aufzug vom Strand. Ich bin Dietrich, Arzt
und Vater von meinem Sohn, der als Popstar Erfolg fei-
ert. Bettina, meine Entschuldigung darf nicht länger auf
sich warten lassen. Die Wahl deiner Worte, die du als
Frau bei deiner Rede gefunden hast, sollte heute von
allen Frauen der Welt vertreten werden. Wie soll ich sagen? Jetzt fühle ich etwas in mir aufkeimen, das ich dir
unbedingt gestehen muss. Ich bin glücklich über unsere
gemeinsame Zukunft, meine Geliebte.*

**Du bist Arzt. Ich bin Präsident.**

Christian ist Kommunikationsdesigner.

**Andry war auch Kommunikationsdesigner.**

Perfekt.

*Christian ist in den Ferien.*

Wir sind Geschäftsleute.

**Ihr seid Geschäftsleute.**

*Sie sind Geschäftsleute. Ich bin Arzt.*

**Ich bin Gründer vom Fernsehsender.**

*Ich werde Gründer eines Gesundenhauses.*

Ich bin eine Selbstständige und bald auch Begründerin einer Messe für alle noch zu entwickelnden Messen.

*Christian ist auch selbstständig und wird zunehmend
selbstständiger.*

RAJOELINA    BETTINA         DIETRICH

**Ich machen auch, was ich wollen, und bin dazu noch Volksheld.**

Du bist ein Revolutionär.

*Das Wetter ist schön in Ihrem Hotel.*

**Das Wetter war schlecht in ihrem Deutscheland.**

*Die Animateurin des Hotels ist auch schön.*

**Die Animateurin war auch schön.**

Die Animateurin wird schön gewesen sein.

*Christian wird in der Animateurin gewesen sein.*

Christian wird nicht in der Animateurin gewesen sein.

**Er wird gewesen sein.**

*Ich berichte, dass Christian ist und an dem Leib der Animateurin sehr nahe dran.*

Das berichtest du nicht.

**Er berichten das.**

*Ich berichte es zu unserer Freude.*

Du berichtest das zu meinem Leidwesen.

*Ich berichte, dass wir nun keine Person zwischen uns haben werden.*

**Er werden nicht berichten, wenn er weiter berichten.**

Berichtet. Berichte. Berichtest.

*Ich habe alles berichtet.*

**Du berichtest sofort weiter!**

*Mir gefallen die Ferien immer besser.*

Mir missfallen die Ferien immer schlechter.

*Wieso?*

**Wieso missfallen die Ferien immer schlechter Bettina?**

Wir waren hierher in einer Gemeinsamkeit angereist, um euch an unserem Wesen zu genesen. Aber die Herren der

Schöpfung interessieren sich nur, wonach es ihnen steht.

**Deutsche Sprache schwere Sprache.**

Andry, nicht aufgeben! Das Hotel ist klasse.

*Weil es...*

**...gut durchdenken.**

Weil es von seinem Besitzer gut durchdacht ist.

*Das Hotel wäre Extraklasse, wenn es ein Gesundenhaus hätte.*

Das geht zu weit.

**Das wird zu weit gegangen sein.**

Perfekt Futur. Exakt!

*Neben dem neuen Messezentrum und dem größten Wellness der Welt fehlt mir hier noch ein Gesundenhaus für die extraordinären Gäste...*

**Neben dem Messe...**

*Neben dem Messezentrum und dem Wellness fehlt Eurem Hotel ein Gesundenhaus für die extraordinären Gäste mit Pensionen von internationalen Fonds.*

**...für die ordinären Gäste mit internationalen Fonds?**

*Genau. Ein Gesundenhaus für diese Menschen, die sofort bereit wären, alles Geld hier anzulegen zur Fortführung des Entwicklungsprojekts in einer exorbitanten Dimension.*

**Toll.**

*Ja.*

Nein.

**Ja. Nein.**

*Ein weiteres Entwicklungsprojekt.*

**Zwei Entwicklungshelfsprojekt.**

Drei Entwicklungsprojekte.

RAJOELINA  BETTINA  DIETRICH

**Vier. Fünf. Sechs. Sieben. Acht. Neun. Zehn Entwicklungsprojekte.**

Perfekt.

*Future!*

Präsens.

*Du verstehen?*

Er versteht.

**Ich verstehe. Ich willen sofort haben globale Entwicklungsmesse in Deutscheland?**

Ja, ich möchte eine internationale Messe für Messen begründen.

**Toll. Und: Ich möchte Gesundenhaus für Anlage von internationalen Pensionen in Madagaskar?**

*Beinahe. Ich baue hier mein Gesundenhaus und im Gegenzug werden internationale Pensionen in Madagaskar angelegt.*

**Er werden geliebt haben Bettina, wenn haben werden können Gesundenhaus?**

*Er wird geliebt haben sie.*

Er wird sie geliebt haben.

**Müssen auch noch fragen ihren Verlobten geliebt haben wegen Bettina?**

Wir müssen auch noch Christian fragen, ob er mich wirklich nicht mehr liebt.

**...wegen Bettina!**

…warum wegen mir?

*Alles nur wegen dir, Bettina.*

**Vielleicht Christian doch lieben dich weiter und nicht lieben Animateurin.**

Vielleicht liebt Christian mich doch!

**Dann sie sein Paar mit er.**

RAJOELINA    BETTINA      DIETRICH

*Dann ist sie ein Paar mit ihm und nicht mit dir.*

**Dann sie nichts bekommen eine Messe für Messen.**

Dann geht sie leer aus.

**Dann müssen auch er vergessen Gesundenhaus.**

*Dann kann er sich das Gesundenhaus abschreiben.*

**Dann müssen er zurück nach Hause.**

*Dann muss er...*

**...nach Deutscheland zurück.**

*Nicht nach Deutschland! Bitte!*

**...doch, zurück!**

*Niemals!*

**Dann aber ich wissen, wie werden alle glücklich machen können.**

Dann weiß ich aber, wie ich alle glücklich machen kann.

**Sie möchten lieben nur mich dafür ganz alleine für tausendundeine Nacht.**

*Sie möchte nur dich lieb haben.*

Wie in 1001 Nacht.

**Nein. Tausendundeine Nacht lang.**

Nicht viele Nacht, eine Nacht!

**Ich verstehe. Dann aber alle bekommen, was sie wollen.**

*Gleich bekommt jeder, was er will!*

**Ich machen jetzt Vorschlag als Diktator, der durchgreifend wie in meinem Land üblich.**

*Er als Diktator unterbreitet nun einen Vorschlag, der in seiner Durchführung kulturell bedingt ist.*

**Macht Dietrich aus Christian eine Schnecke auf buddhistische Art. Vielleicht Christian wird auch ein Käfer. Das musste er selbst entschieden haben. Im**

RAJOELINA   BETTINA   DIETRICH

Gegenzug aber machen wir auf christliche Weise aus Regenwald Gesundenhaus für Dietrich. Und für die Messe aller Messen machen wir aus deutscher Frau afrikanische Liebesgöttin.

*Exakt.*

Jetzt werden wir nur noch die Zustimmung unserer Göttin gebraucht haben.

Perfekt.

*Futur.*

# VIERTES GLÜCK: KÖRPER UND GEIST MACHEN GLÜCKLICH

## Yoga *****
Unser Clubhotel bietet Ihnen Yoga ohne Dogma.
In privaten Stunden gehen wir gezielt auf individuelle
Bedürfnisse ein. Egal, ob Sie einen ersten Zugang
entwickeln oder in Ihrer Praxis noch tiefer gehen wollen.

Du weißt ganz genau, was du willst.

*Als selbstständiger Gestalter habe ich einen enormen Willen.*

Chris, jedes Wort, das über deine süßen Lippen kommt, hört sich an, als wäre es niedergeschrieben in deinem klugen Kopf.

*Eva! Wie lange kennen wir uns jetzt? Sogar in meinen Feierabendstunden suche ich noch nach dieser einen letzten Schrift, mit der das Wort ewig wird. Die Menschheit wird sich einmal an mich erinnern als den Schöpfer der Typografie von Logoszentriken.*

Ich verstehe davon nur jedes zweite Wort. Erklärst du es mir?

*In meiner Freizeit erfinde ich die Schrift, die alle Vernunft korrekt abbildet. Die perfekte Gestaltung, die alles verständlich gemacht haben wird.*

Ich trage in der Ferienarbeit keine enormen Gedanken mit mir herum, die du dir von daheim mitgebracht hast.

*Kleines, ich bin auf Berufswegen hierher gekommen, wo ich heute stehe, weil ich seit jeher die Bedeutung und ihre Form miteinander zu verbinden weiß. Ich sehe ständig, wie es wäre, wenn alles, was ich sage, festgeschrieben stünde.*

Ich bereite mir keine Sorgen, in welcher Schrift das Gesprochene geschrieben steht. Ich rede, wie mir der Mund gewachsen ist. Das sind Eigengewächse ohne eine tiefe Bedeutung. ·

*Ach. Bei dir erhole ich mich von meiner Seele.*

Seid gegrüßt, Eva-Maria und Christian, ihr bezauberndes Paar. Setzt euch zu mir. Ihr kennt euch erst seit heute. Keiner weiß, ob sie oder er in den anderen verliebt ist. Aber mit der vielen Sonne vom Strand und dem vielen Essen vom Buffet staut sich gerade etwas an. Nun kommt ihr zwei zu mir, damit ich euch im Yoga anleite. Aber eigentlich seid ihr geil aufeinander. Ihr sehnt euch danach, miteinander Schmusebauch zu machen. Mit Schmusebauch umschreibe ich gerne Sex.

CHRIS    EVA-MARIA   INGA

Ich dachte immer, Yoga ist eine abgehobene Praxis.

*Ich finde, alles auf dieser Welt hat seine Berechtigung.*

Vielleicht bin ich auf der Welt, damit sie mich glücklich macht.

*Ich bin hier, um etwas zur Entwicklung aller bewegt zu haben.
Auf diesem Weg bekomme ich aus Dankbarkeit auch wieder etwas zurück.*

Zur Rettung meines Glücks bin ich unter den Himmel von Afrika geflüchtet. Denn die Jugend ist eine endliche Zeit, die sich bei meinen Gleichaltrigen in der totalen Anstrengung erschöpft.

Du bist meine hübsche Eva-Maria. Du bist jung und hast dein Leben vor dir. Jetzt willst du dich mit ihm vergnügen. Ich werde dir helfen. Christian, du bist ein kluger Mann. Hat sie nicht wohl geformte Brüste? Sieh sie dir ohne Scham an. Wie weich sie sind, wie groß und fest. Nach solchen Brüsten habe ich mich in meiner Jugend gesehnt, doch das ist lange her und hat nun nichts zu bedeuten. Taste ohne Eile. Lege sie dir in die Hände. Sie wird dich nicht zurückstoßen.

*Wir praktizieren hier die Vereinbarkeit von Urlaub und Arbeit.*

Wo ich unter dem Deckmantel des Präservativs versteckt war, hast du mich nicht in meiner ganzen Persönlichkeit erkannt.

*Ich hatte die Gestalt deines prallen Wuchses mit dem ersten Blick ertastet, aber es nicht für möglich gehalten, dass sich diese Träume verwirklichen würden.*

Bei mir kribbelt es schon richtig.

Hübsche Frau, stelle dich hüpfbreit hin und bücke dich zu einem Dreieck. Kluger Mann, beuge dich zu ihrer Kopfseite und lege deine Füße auf ihr Becken und strecke deinen Po in die Luft.

*Ich komme schon ins Schwitzen.*

Sobald du ausatmest, singe fötallera.

Ich werde feucht.

CHRIS    EVA-MARIA   INGA

Sobald du ausatmest, antworte fötallerie.

Vor lauter Glück darfst du ihn hinstrecken, wo du möchtest.

*Ich will ganz ehrlich sein. Es ist mein größter Wunsch, mich im ewigen Kreislauf aufzulösen und in einem neuen Menschen wieder zur Welt zu kommen.*

Bei mir ist alles eingerichtet.

*Ich bin noch nicht richtig locker.*

Verleg deine Steifheit einfach an die rechte Stelle.

*Wie?*

Fötallerie.

*Tötallera?*

Du lässt auf deine Zuneigung viel zu lange warten.

*Ich will doch auch.*

Lasst euren Willen Wille sein.

Mir ist alles egal. Ich bin zum Spaß auf der Welt.

*Denkst du nicht an morgen?*

Wenn die Zukunft kommen will, soll sie.

*Ich träume davon, in einer neuen Gestalt den ewigen Zwiespalt zwischen Vorstellung und Materie aufzulösen, der uns antreibt bis zur Selbstaufgabe.*

Im Augenblick wünsche ich mir, dass er tut, was mir gefällt.

Aber ohne Kondom.

*Ich habe schon mal meine gesamte Hoffnung in eine Frau hineinversteift. Sie war so zugeknöpft und unbiegsam, wie man es dem anderen Geschlecht nicht zutraut.*

Atme tief aus und dann ein.

Ich spüre nur Luft.

*Im Yoga dringt mittels der Luft der Geist dorthin, wo er auch wieder rauskommt.*

Es pfeift nicht unbedingt raus, wie's bei dir rein pfeift?!

CHRIS    EVA-MARIA    INGA

159

Erschafft eine neue Welt. Gönnt euch jedes Glück.

*Mit einem neuen Menschen kreieren wir einen neuen Kosmos.*

Sobald Eva-Maria ausatmet, singt sie fötalle-rie. Sobald Christian ausatmet, antwortet er mit fö – tal – lera.

Mir vergeht gleich die Lust an allem.

*Ich spüre, du bist die Frau, auf die ich schon so lange warte.*

Bist du dir sicher!?

Ja.

*Ich probier's noch mal.*

Ich spür's auch.

*Fötal – ler – a – a – a!*

– e – e!

*a! a! a!*

CHRIS  EVA-MARIA  INGA

# UND NOCH EINS: GEWALT MACHT GLÜCKLICH

Yoga *****
Unser Clubhotel bietet Ihnen Yoga ohne Dogma.
In privaten Stunden gehen wir gezielt auf individuelle
Bedürfnisse ein. Egal, ob Sie einen ersten Zugang
entwickeln oder in Ihrer Praxis noch tiefer gehen wollen.

*Fötallera. Fötallerie.*

**Toller Klang.**

*Ich bin nicht dumm. Das alles ist blödeste Ironie. Dieser überzeichnete Ort ist gar kein extraordinäres Hotel, sondern eine billiges Freudenhaus. Es muss ein Idiot sein, der sich das hat einfallen lassen.*

**Wahnsinnige Sprache.**

*Wir sind hierher gekommen und haben von einer besseren Welt dahergeredet. Jetzt schau einer an, was daraus geworden ist. Die erste und letzte Absicht ist, es bei der nächstbesten Möglichkeit wie Tiere zu treiben und sich zu vermehren. Wenn ich ehrlich bin, ich selber habe mich nach nichts anderem gesehnt, als in ihr Kostüm zu schlüpfen. So sind wir Menschen einfach, auch in Afrika.*

**Als Afrikaner ist mir die Sprache aus dem deutschen Mund oft zu pessimistisch. In dem Pessimismus vergessen die Deutschen, dass die Welt nicht zum Anschauen nur da ist. Die Welt ist zum Machen gemacht. In der deutschen Sprache gibt es eine Tat, die ich zu schätzen gelernt habe und von der jeder Afrikaner lernen kann. Besonders deutsche Performativität ist die große Tradition der Richter und Henker.**

*Dichter und Denker.*

**Die geniale Sprache will ich lernen. Verstehst du?**

*Ich verstehe.*

**Noch ein Mal von Anfang an. Aber für gemeinen Afrikaner wie mich bitte mit weniger Pessimismus und mit mehr Performativität in der Tradition von Denker und Henker.**

*Was soll ich jetzt tun? Ich überblicke das ganze Elend. Selbst ich bin nur eine unwichtige Figur, deren Handlungen als abgefasst aufgefasst werden dürfen.*

**Was sieht deine abgefasste Figur, Dietrich, wenn sie über Mauer schaut?**

RAJOELINA

DIETRICH

*Ich sehe den ehemals Verlobten von Bettina, der es zu unserer Freude mit der Animateurin treibt. Und eine Esoterikerin. Was macht sie da eigentlich?*

**Lange Rede, kurzer Sinn.**

*Alles ist gut.*

**Nein. Wenn ich über Mauer schaue, sehe ich, wie du mir, wie ich es sage, bringst den Kopf von der Esoterikerin, deren Körper als Ganzes das Unwahre ist.**

*Nur ihren Kopf?*

**Ja. Du. Nur ihren Kopf.**

*Ich?*

**Sie!**

*Tatsächlich?*

**Ja.**

*Nein. Warum?*

**Aus Willkür.**

*Wie abgemacht für das Gesundenhaus.*

**Wie du willst.**

*Und für Bettina.*

**Nach meiner tausendundeinen Nacht ich gebe dir Bettina lebenslänglich. Du bekommst sogar noch Süßigkeit Animateurin als Unschuld obendrauf.**

*Obendrein bekomme ich die süße, unschuldige Eva-Maria und nicht dieser Christian.*

**Aber du müssen geben erst Christian einen Schlag.**

*Aber zuerst muss ich Christian einen Schlag geben.*

**Auf seinen Kopf.**

*Nur einen einzigen Schlag auf seinen Hinterkopf, der sich für mich wirklich lohnt.*

**Jetzt gib endlich einen Schlag auf diesen Hinterkopf!**

RAJOELINA

DIETRICH

*Warum nicht du?*

**Weil du ihm.**

*Pass auf, ich dir.*

**Mir?**

*Nein. Ihm.*

**Sieh!**

*Wir.*

**Ihr sie!**

*Ich doch.*

**Ja! Das war ein wahrer Schlag, der sich gelohnt haben wird.**

*Perfekt Futur!*

**Jetzt hält Dietrich einen Kopf von der Esoterikerin. Als Ganzes ist ihr Körper tatsächlich das Unwahre.**

*Ich halte einen Kopf in meinen Händen, dessen Körper einmal ganz war. Auch Christian spricht kein Wort mehr.*

**Dafür bekommt er das Früchtchen, das sich nach seinem Verlangen sehnt und deren Sehnsucht er keinesfalls widersprechen möchte mit seiner Reife und Sanftheit.**

*Die süße, unschuldige Eva-Maria schreit, als würde es nicht mit rechten Dingen zugehen. Glück für alle, die es nicht hören.*

**Schau an, dieses kleine Ding, wie es sich ziert.**

*Welch eine Freude uns allen die erlernte Performativität bereitet!*

**Die Sprache hat ein wunderliches Wesen!**

RAJOELINA

DIETRICH

# DAS GROSSE GLÜCK: FICKEN MACHEN AUCH GLÜCKLICH

**Präsidenten Suite**

---

**Bitte
nicht stören**

---

**morgen reinigen**

**Welch eine tierische Freude, dich zu Gesicht zu bekommen!**

Auch ich bin von einer unmenschlichen Freude angefüllt.
Wir werden unsere Arbeit zu einem erfolgreichen Abschluss gebracht haben.

**Wir bringen es zu einem erfolgreichen Abschluss.**

Andry, wie oft muss ich es dir beibringen? Das deutsche
Wesen ist Perfekt Futur.

**Nein.**

Wieso?

**Viel einfacher für alle ist die neue deutsche Sprache
und ihr Futur Präsens. Denn wir bringen das hier zu
einem Abschluss, der ein Anfang für unsere kommenden Begegnungen sein wird.**

Welch eine Befriedigung, wie – schnell – du – lernen –
Grammatik – fertig!

**Je öfters das deutsche Wort in mich hineindringt, desto
schöner gefällt mir seine Resonanz.**

Andry, wir treffen uns in einer ansehnlichen Bekanntschaft,
die im steifen Wachsen begriffen ist und jedem von uns
zugutekommt.

**Solange wir uns in dieser beträchtlichen Bekanntschaft wiegen und unser beider harter Wille willentlich
über deine klugen Lippen kommt, will auch ich dir alles
von den Lippen ablesen.**

Ich bin schon ganz angefüllt von meinen Wünschen, die
viel zu lange auf ihre Lippenbekenntnisse warten mussten.

**Die Wünsche deiner leckenden Lippenbekenntnisse
sollen dir nicht verwehrt bleiben, sowie ich dich in
aller inneren Wärme zu schätzen gelernt habe.**

In meiner Emanzipation muss es mir als Frau auch zustehen, dass mir ein Prinz zu meinem Glück verhilft.

**Wie ich es mir versprochen habe, hole ich dir den
Himmel auf die Wüste.**

RAJOELINA   BETTINA

Lange Rede, kurzer Sinn.

**Ich werde es dir gleich zeigen, was meine neue, harte afrikanische Sprachgewalt für dein Deutsch bedeutet.**

Ich höre.

**Dein afrikanischer Prinz...**

Mein afrikanischer Prinz holen mir jetzt alles vom Himmel.

**Damit du eine göttliche Messe bekommst.**

Damit ich bekommen meine absolute Messe von allen Messen.

**Andry ermöglicht sie dir auch finanziell.**

Andry machen mir finanzielle Gestaltung, und zur Eröffnung für Messe Bettina bekommen auch eingeladen prominente Gestalten aus Pop und Politik.

**Ja! Bring dich jetzt in Stellung!**

Du bringen mich jetzt in Stimmung.

**Was brauchst du Stimmung, da du brennst wie eine afrikanische Göttin. Du bereitest mir jetzt die tausendundeine Nacht, auf die wir schon sehnsüchtig warten.**

Meine Bettlegrichkeit will nicht billig erstanden sein.

**Deine Bettlegrichkeit wird nicht erstanden sein mit langen Reden, für die deine Lippen nicht gemacht sind.**

Du hören schon mal von Vorspiel?

**Ich noch nix hören von Vorspiel. Aber hast du schon einmal was von einem Nachspiel gehört?**

Ich haben eine ambrosische Nacht verdient für unser Nachspiel.

**Dann sag jetzt, ich haben wollen...**

Ich haben wollen... was?

**Nacht, tiefe ambrosische Nacht.**

Eine Nacht in Kerzenschein! Und?

**Wein.**

Viel Wein! Und?

**Musik.**

Musik aus der Heimat!

**Du bekommst Nacht und Wein und Musik aus deiner Heimat, wenn...?**

Andry...

**Bettina.**

Andry!

**Bettina! Für dich singt der größte Popstar zu unserem Vergnügen einen Song.**

Ich haben wollen Popstar singen Song zu unserem Vergnügen.

**Sag, bitte, Andry, hol mir einen Popstar herbei.**

Andry, besorgen du jetzt bitte großen Pop.

**Ich will den Sohn von Dietrich hören...**

Ich nix kennen.

**Du kennst nicht Bill?**

Ach, Bill.

**Sag, ich will Bill hören, wie er deutsches Liedgut singt.**

Ich willen sofort hören Bill singen mir Lied gut.

**Ich hol' dir alles vom Himmel.**

Ich holen dich auch in Himmel.

**Ich will jetzt ficken.**

Ich willen auch machen bumbum!

**Danke.**

Danke!

Gut laut, bitte, Bill.

> **playback**
> Deutsche Frauen, deutsche Treue,
> deutscher Wein und deutscher Sang
> sollen in der Welt behalten
> ihren alten schönen Klang,
> uns zu edler Tat begeistern
> unser ganzes Leben lang!
> Deutsche Frauen, deutsche Treue,
> deutscher Wein und deutscher Sang!

**Weiter.**

> Sing!

> —

**Bitte Bill, Bettina!**

> Danke.

Bitte, Bill.

> **playback**
> Einigkeit und Recht und Freiheit
> für das deutsche Vaterland!
> Danach lasst uns alle streben
> brüderlich mit Herz und Hand!
> Einigkeit und Recht und Freiheit
> sind des Glückes Unterpfand:
> Blüh im Glanze dieses Glückes,
> blühe, deutsches Vaterland!

DREI GLÜCKE ERGEBEN AUCH EIN GANZES:
ABGEHEN MACHT GLÜCKLICH

Das Gefängnis ist mein Körper. Der Körper verlässt mich und mit ihm verlasse ich die Welt. Würde ich jetzt nicht dahingehen, wäre ich achtundneunzig Jahre alt geworden. Mein Ende ist nun eines, das mir jener Arzt bereitet hat, der hofft, einen Neuanfang machen zu können. Er irrt sich möglicherweise. Ich kann von ihm nichts erzählen. Mein Kopf, der sich von mir entfernt hat, schmerzt noch an der Kehle. Diese Kehle ist mir das Leben lang eine Schwelle gewesen. Sie war mir die Schwelle zwischen Innen und Außen und Körper und Geist. Die Kehle war mir beides, sie war mir Widerspruch und sie war mir Wahrheit. An der Kehle trete ich über die Schwelle. Hier traten das Wasser und die Nahrung hinüber und die Worte traten heraus. Die Luft ging an ihr ein und aus. Die Luft war an der Kehle mein Atmen und dieses Atmen hatte unweigerlich zu mir gehört, um mich am Leben zu erhalten. Gegen den Atem konnte ich nichts unternehmen, aber ich konnte mit dem Atem tätig sein. Die Kehle ist nicht mehr. Bis ich mich aufgelöst haben werde, verbleiben vier Worte. So ist es.

**Sehr geehrte Damen und Herren der Volksversammlung! Ich danke dieser politischen Anstalt von ganzem Herzen, dass sie meiner Persönlichkeit mit ihrer Aufmerksamkeit beigewohnt hat. Für mich war es ein Vergnügen, an sprachlichen Kompetenzen hinzugelernt zu haben. Ich möchte etwas zurückgeben. Ich möchte afrikanische Stipendien vergeben für die gebeutelte Generation der zeitgenössischen Frauen und Männer Deutschlands. Ich schenke den Kreativen Auslandspraktika zum Aufbau meines neuen !LEBEN – Das neue deutsche Pay-TV. Darüber hinaus verschenke ich Auslandspraktika in meinem neuen Gesundenhaus für Mediziner in Not und dann noch Auslandspraktika in der Entwicklungshilfe. Ich darf noch etwas Wesentliches an dieser Stelle sagen. Hier geht es im Ganzen um die sexuelle Befreiung, zu der ich jede**

RAJOELINA

INGA

einzuladen willig bin. Gemeinsam für eine neue Offenheit! Gleich fliege ich zur Eröffnung meines neuen !LEBEN mit einem ganz besonderen Eröffnungsgast – die Kanzlerin, die ich kennen zu lernen blendend aufgelegt bin. Es gibt noch etwas zu lernen für uns alle. Seien wir schlussendlich glücklich. Wir leben als Menschen in einer Welt und in dieser Welt zählt entgegen aller Bedenkenkrämerei die Willentlichkeit. Das Leben dreht sich im Kreis und was sich im Kreis dreht, sieht sich immer zweimal. Ich liebe Deutschland! Ich liebe Afrika!

Du bist der einzige, der mit mir redet. Bist du tot? Fötallera. Wenn du weggehst, wird der Verlust von einer Unerträglichkeit sein. Der Schmerz sticht von über der Herzgegend im Rachen nach unten in die Magengrube. Da drunter schmerzt es auch. Chris, wenn du deine Lider nicht sofort aufschlägst und mich alleine lässt, dann will ich nie wieder etwas von dir wissen. Ich wünsche mir, dass du hier wach wirst und mich ohne Lebensatem leichenbleich liegen siehst und mich in deinen Armen voller Trauer hältst. In deiner Trauer sollst du dich auf demselben Weg in den Tod hineinstürzen müssen vor Schmerz, der hier in mir sticht. Du wirst dich in demselben Schmerz mit mir zu einer Einheit verweben. Hörst du? Das sollst du! Das Lebensglück war nur hässlich zu mir. Es hat mich nimmer geliebt! Mein eigener Tod glückt dafür.

## EINE SPUR VOM GLÜCK:
## AUFERSTEHUNG MACHT GLÜCKSELIG

Achtung!
Im Notfall kein Rettungsdienst!
Der Hotelstrand bleibt bis auf weiteres geschlossen!
!
!
!
!
!

*Fötallera. Mir dämmert es. Mir erscheint etwas.*

Ein Gesang.

*Fötallerie. Fötallera. Die Sonne scheint am Firmament.*

Ein Geist!

*Da! Eine Frau.*

Eine Weiblichkeit.

*Fötallerie, eine Sanftheit.*

Eine Verletzlichkeit.

*Eine Leibhaftigkeit.*

Eine Präsenz.

*Ich erinnere mich... Eine Begehrlichkeit.*

Eine Lieblichkeit.

*Du.*

Bettina. Chris.

*Ich.*

## LETZTES GLÜCK:
## WIEDERKEHR MACHT AM GLÜCKLICHSTEN

Der Staat Madagaskar baut zum Dank an seinen
ständigen Interimspräsidenten Andry N. Rajoelina:
## LEBENSPARK GESUNDENHAUS
Hier entstehen attraktive Anlagen im sonnigen Afrika
für ein Stück vom Glück des langwährenden Lebens.

                    *Ich sehe einen Geist.*

Du siehst einen Geistlichen.

        **Du siehst meinen Körper.**

                    *Ich sehe einen Körper, der spricht. Das scheint mir der Untergang.*

Er erscheint ohne Absicht.

        **Mir scheint die Sonne.**

                    *Wenn er dir ohne Absicht erscheint, scheinst du mir mit Absichten.*

Ich bin für deine Erscheinung unergründlich. Das lasse dir ein für alle Mal gesagt sein.

        **Ich trage Absichten in mir, weil ich einen Willen habe, den ich mit Worten ausdrücken kann.**

                    *Hörst du?! Er hat keinen Zweifel an seinem Willen!*

Er hat an dir keinerlei Interesse.

        **Mein Wille drängt mich ganz auf sie.**

                    *Zurecht! Denn mein Wille war in dem Gespräch mit dem Prinzen...*

Präsident, immer noch!

                    *...mit dem Präsidenten gezwungenermaßen durch ihren hinterlistigen Willen determiniert.*

Dir kommt wohl willentlich dein Verstand abhanden.

        **Ich spüre hier auch Absichten.**

                    *Diesen Verdacht erkläre ich für unbeweisbar.*

Seine Beweise sind ihm verloren gegangen in einer Umnachtung.

                    *Das soll er erst beweisen, bevor ich keinen Verdacht mehr hege.*

        **Ich hege keinen Verdacht.**

                    *Gegen was hegt er keinen Verdacht?*

Gegen was hegst du keinen Verdacht?

*Ich schöpfe keinen Verdacht gegen seinen Verdacht.*

Das sind jetzt Worte, unter denen alle möglichen Absichten lauern können.

Das gibt mir auch zu denken.

Bettina, seine Absichten sind genau jene, die seine Worte zu verdecken trachten. Er wird nicht ohne Grund von einer Zuneigung zu dir quasseln.

Deine Worte sind keine weiteren Überlegungen wert.

*Ich sage es in meinen eigenen Worten, dass mein Wille nach ihr alle anderen Absichten auflöst.*

Mein Wissen um meinen Verdacht ist mächtiger als deine behauptete Absichtslosigkeit.

*Meine Ohnmacht hat mich von der Macht des Wissens befreit.*

Irgendwie scheint er mir völlig ohne Verstand.

Er ist dir unverständlich. Aber er ist voller Verständnis für mich.

*Fötallerie, fötallera, für Bettina ist meine Person voll Verständnis da. Das kann ich auch wortwörtlich wiederholen, damit dir das verständlich wird, Dietrich.*

Wir drehen uns im Kreis.

*Wir drehen uns im Kreis!*

Wenn wir uns allen Ernstes im Kreis drehen, beginnt alles von vorne. So übernehme ich hiermit die Zeugenschaft für eure Zweisamkeit, als wäre es nie anders gewesen. Denn solch eine Zweiheit ist ein metaphysisches Prinzip, in das ich keine Eingriffe tätige und für das ich mich in Zukunft verbürgt haben will.

*Mein Traum war es schon immer, mich im ewigen Kreislauf aufzulösen und in einem neuen Menschen noch mal zur Welt zu kommen.*

Perfekt.

Präsens.

BETTINA    CHRIS    DIETRICH

*Was?*

> *Wir drei sind hier gestrandet und lassen diesen Glücks-*
> *fall nicht nutzlos an uns vorüberziehen. Wir packen wie-*
> *der dort an, wo der Glücksfall sich von seiner ganzen*
> *Zukunftsträchtigkeit gezeigt hatte. Die Gewinne aus*
> *unseren Projekten werfen wir in einen Topf und ich be-*
> *komme eine Hälfte und die andere Hälfte bekommt ihr*
> *als Paar. Dafür mein Ehrenwort.*

Dietrich, ich habe ich meinen Verstand nicht verloren trotz
allem, was geschehen ist. Wir sind zu dritt unter dem
Himmel von Afrika gelandet und wir werden deshalb alles
durch drei teilen.

> *Hier gibt es noch eine Differenz.*

Darin gibt es eine Übereinstimmung.

> *Hier ist es wie im Himmel.*

> *Hier könnte es wie im Himmel sein.*

Weise Worte.

> *Es ist wie im Himmel, wenn wir es uns so machen.*

> *Wenn wir es uns machen, könnte es hier wie im Him-*
> *mel werden.*

Wenn wir es uns machen, wird es hier wie im Himmel
gewesen sein.

> *Was machen wir?*

Wir planen eine gigantische Messe.

> *Wir bauen wie abgemacht das Gesundenhaus.*

> *In deinem Gesundenhaus werden wir an uns gegenseitig ge-*
> *sunden.*

Wie sollten wir aneinander...?

> *Als Arzt weiß ich, dass die Menschen wieder gesund*
> *werden, wenn ich mit ihnen spreche.*

Als Patientin weiß ich, dass die Menschen gesund werden,
wenn du nicht mit ihnen sprichst.

BETTINA    CHRIS    DIETRICH

*Als Mensch glaube ich, dass die Menschen gesunden, wenn wir ihnen wieder zuhören.*

Was?

*Wenn wir ihnen zuhören.*

Ich höre besser nicht mehr hin.

*Statt zu sprechen müssen wir uns wieder mehr hören. Wenn wir ganz genau hinhören, hören wir alles, was notwendig sein wird.*

*Hört, hört!*

*Wir haben schon so vieles gesagt. Wir sind uns mit unseren Worten hinterhergelaufen und wir sind uns mit unseren Worten aneinander gelaufen. Das ließe sich sofort aufhören, wenn wir zuhörten. Darüber hinaus haben wir noch nie etwas zu hören bekommen. Und solange ich weiterhin ein Wort an das andere reihe, werden wir auch nicht die Möglichkeit haben, irgendetwas zu hören, was wir noch nie gehört haben. Deshalb kommt jetzt von mir kein weiteres Wort, sondern ich werde versuchen zu verstehen, was die Menschen sagen.*

–

*–*

*Hört ihr?*

*Ja.*

Nein.

# GLÜCK ENDLICH: EPILOG

Der Kreis ist in Bewegung ein Strudel, in den noch jeder Mensch ohne Unterscheidung hineingerät. Ein solcher Strudel ist ein schwarzes Loch, das auf den Begriff der Geschichte hört und die ganze Menschheit erfasst, auch die Deutschen. Auch das deutsche Individuum rutscht da hinein als ein historisches Objekt. Ein schwarzes Loch ist aber auch das Ende der Geschichte eines jeden herrschenden Diktators, der einmal seinen Frieden gefunden haben wird – in der Ankunft des kommenden Diktators. Denn ein Strudel ist kein selbstgebackener Zirkel, der beherrschbar ist für den Vorherrschenden, sondern ein Strudel ist ein Vergehen und ein Werden, an dem sich die Lebenden die Zähne ausbeißen. Ein Strudel ist auch ein Ort, an dem sich die getätigten Vorleistungen mit jeder Wiederkehr auf ein Neues beweisen müssen. Das gilt auf einem sich drehenden Globus auch für die deutschen Leistungen, deren Leistungsträger immer wieder seine maskuline Bereitschaft erweisen wird und deren Leistungsträgerin immer wieder ihre feminine Bereitschaft zu erweisen hat. Denn vorerst gibt es den Überfluss eines Diktators, der beseitigt werden muss, und schlussendlich gibt es einen Überfluss in mir, dem kommenden Diktator, der befriedigt sein will. Was für ein Glück! Tonga soa e!

SCHLUSS

**Dank an** Jill Enders, Steffen Neupert, Sophie Ribbe, Ulrich Sanwald, Ulrich Steinberg

**Titel** Deutscher Aktien Index (DAX) 1937–2015, Quelle: wikipedia.de

**Bilder**

S. 62: Traditionelles männliches samoanisches Tattoo, von der Hüfte hinunter zu den Knien; seitliche Ansicht von hinten. (modifiziert), © CloudSurfer, CC BY 3.0, https://creativecommons.org/licenses/by/3.0/

S. 130: An Adansonia grandidieri (giant baobab) at Morondava, Madagascar (modifiziert) © JialiangGao, CC BY-SA 4.0, https://creativecommons.org/licenses/by-sa/4.0/

Die im Text angegebenen URLs verweisen auf Websites im Internet. Der Herausgeber ist nicht verantwortlich für die dort verfügbaren Inhalte, auch nicht für die Richtigkeit, Vollständigkeit oder Aktualität der Informationen.

**Text** Patrick Schneider
**Musik** David Loscher
**Gestaltung & Satz** Damian Maria Domes
**Übersetzung ins Chinesische** Siyu Mao

**1. Auflage 2016**
Alle Rechte dieser Ausgabe Copyright © 2016 Patrick Schneider & Damian Maria Domes

**Auflage** 300
**Druck** Druckcooperative Offset und Verlag GmbH
Gedruckt auf RecyStar Polar
Hergestellt in Deutschland

Gesetzt aus der Akzidenz Grotesk

**ISBN** 978-3-00-054531-3
**Schutzgebühr** 19,00 EUR

**V. i. S. d. P.** Patrick Schneider, Reuterstraße 80, 12053 Berlin

damiandomes.de
diehappyfew.de

Entstanden im Rahmen einer Diplomarbeit im Fach Kommunikationsdesign
an der Staatlichen Hochschule für Gestaltung Karlsruhe

Staatliche Hochschule
für Gestaltung Karlsruhe  **//////**

**Betreut von** Urs Lehni, Sereina Rothenberger, Stephan Krass, Andrej Ujica und Ludger Pfanz

Noch mehr Theater von

# Patrick
# Schneider

demnächst: **DER**
**UNTERMENSCH**
Letzte öffentlich-
rechtliche Realität